AF383006

Quentin Quencher

Im Spannungsfeld |1

Ökologismus
Klimawandel
Nachhaltigkeit
EEG und Kernkraft

Betrachtungen

2011 - 2017

Bibliografische Information der Deutschen Nationalbibliothek. Die Deutsche Nationalbibliothek verzeichnet diese Publikation in der Deutschen Nationalbibliografie; detaillierte bibliografische Daten sind im Internet über www.dnb.de abrufbar.

© 2018 Quentin Quencher
Herstellung und Verlag:
BoD – Books on Demand, Norderstedt.

ISBN: 9783748112433

Covergestaltung, Satz und
Layout: Quentin Quencher

*Die Grundannahme von der Übernutzung
der Erde, hat uns in eine Sackgasse geführt, die uns nun in allen Entscheidungen
moralische Handlungsanweisungen gibt,
die nicht mehr pragmatisch oder wissenschaftlich begründet werden müssen, sondern lediglich ideologisch, um nicht zu
sagen: religiös.*

Inhalt

Vorwort

In mehr als einem halben Jahrzehnt als Blogger sind eine Vielzahl von Texten zusammen gekommen. Oft ist es nur Tagesaktuelles, eine Bezugnahme auf eine Nachricht, manchmal aber zwingt dieses Eingehen auf die Tagesaktualität dazu, etwas grundsätzlicher zu werden.

Dies war der erste Punkt, nach dem die hier vorliegenden Texte sortiert wurden. Welche der Artikel gehen über den Moment hinaus? So ca. zehn Dutzend sind übrig geblieben – zu viel für ein Buch, außerdem sind sie thematisch auch noch sehr unterschiedlich. Deshalb ist dieses Buch hier nun als Anfang einer Reihe konzipiert, in der es immer um spezielle Themenfelder geht. In Diesem um Ökologismus, Nachhaltigkeit, den Debatten um den Klimawandel und natürlich, um die Energiewende als die herausragendste politische Aktivität in diesem Kontext. Weitere werden folgen und dann, unter anderem, weitere Spannungsfelder der Gegenwart besprechen. Utopien und Dystopien werden dabei sein, das Megathema Flüchtlinge und Einwanderung natürlich auch, doch das ist nur ein erster Ausblick.

Hier nun, in der ersten Textsammlung aus den Spannungsfeldern der Gesellschaft, geht es hauptsächlich um den Ökologismus und dessen Unterkategorien, beispielsweise der Nachhaltigkeit oder dem Klimawandel. Oft wird gerade eben in diesen Diskursen mit wissenschaftlich erscheinenden Argumenten in der Öffentlichkeit mehr agitiert als argumentiert.

Diese Agitation, deren Basis immer die grünen Weltbilder sind, hat sich in fast allen Bereichen der Gesellschaft breit gemacht, sie ist in ihrer Gesamtheit davon betroffen, nichts wird ausgeklammert, überall steht als oberstes Prinzip die Nachhaltigkeit und somit der Ökologismus darüber. Kunst, Kommerz, Religion, Familie, nichts bleibt wie es war, alles soll nun nachhaltig und ökologisch sein.

Spätestens nun sollte klar sein, dass ein neuer Hegemon von Land und Leuten Besitz ergriffen hat. Nicht in Form eines leiblichen Diktators, sondern einer Ideologie, einer Weltanschauung, einer neuen Religion. Der Ökologismus ist in seiner Wesensart eine totalitäre Ideologie, sie durchdringt alle Lebensbereiche und lässt keine Pluralität zu.

Der Schlüsselbegriff, dem letztlich alles Tun und alles Denken untergeordnet wird, heißt Nachhaltigkeit. Während über andere Dinge gestritten wird, den Klimawandel etwa, so wird die Nachhaltigkeit, die Narrative die damit transportiert werden, kaum einer kritischen Betrachtung unterzogen.

Und wenn es schon einmal einen Disput darum gibt, so stehen wissenschaftlich erscheinende Argumente im Vordergrund. Dabei kann es noch nicht einmal als gesichert angesehen werden, ob die Natur, auf die sich die Ökologisten immer beziehen, überhaupt das Prinzip Nachhaltigkeit kennt. Wäre nämlich die Theorie von den ausbalancierten ökologischen Systemen richtig, dann würde das bedeuten, es gibt keine Evolution. Diese Aussage lässt sich auch wissenschaftlich begründen, über dynamische Systeme und warum die sozusagen von einer Unordnung in die andere fallen.

Doch ich werde hier nicht den gleichen Fehler begehen wie in der Klimadebatte üblich, in der gegenteilige Aussagen jeweils zur absoluten Wahrheit aufgeblasen werden, und beschränke mich auf das Betrachterische. Die sich ergebenen Spannungsfelder in der Gesellschaft, zwischen Ideologie und Realität, zwischen Glauben und Wissen, Theorie und Praxis, lassen sich auf diesem Wege wahrscheinlich besser darstellen.

Dieses Buch, wie auch die folgenden, soll also ein Plädoyer für den Disput in den Spannungsfeldern der Gesellschaft sein. Denn genau den fürchtet der Hegemon, seine Macht steht dann zur Disposition. Wenn über Wege, ja selbst über Weltbilder gestritten wird, dann hat der Mensch noch die Wahl, folgt er nur einer Verkündung, die einer Offenbarung gleich auf ihn herab gesandt ist, dann nicht mehr.

Streiten wir uns also.

Nachhaltige Selbstzerstörung

Wir kennen heute viele Berichte, sogar aus der jüngeren Vergangenheit, die davon erzählen, dass Menschen Prophezeiungen geglaubt haben und diese für unvermeidbar hielten. Alles Handeln wurde diesen Prophezeiungen untergeordnet, die Gegenwart verliert an Bedeutung. Ganz bekannt sind in diesem Zusammenhang auch Extreme, die bis zu Selbsttötungen gingen, vor allem in von apokalyptischen Vorstellungen geprägten Sekten.

Meist sind es einzelne Gruppen, die sich von der übrigen Gesellschaft ausgrenzen und diese nicht wesentlich beeinflussen. Ganze Völker oder Kulturen tun dies eher selten, doch es kommt vor, und wenn, dann ist meist, wie in der biblischen Apokalypse, damit ein Heilsversprechen verbunden.

Die Nazis versprachen dem deutschen Volk eine glorreiche Zukunft, genauso wie Kommunisten oder Maoisten. Nirgends wurden die Versprechungen eingelöst. Es endete überall in der Selbstzerstörung der Gesellschaft, bis hin zur physischen Vernichtung nicht nur der angenommen Feinde.

Ein sehr anschauliches Beispiel, wie diese Mechanismen ablaufen, stammt aus Afrika. Ein südafrikanischer Stamm von Viehzüchtern löschte sich beinahe selbst aus. Wie konnte das passieren?

Die Xhosa lebten teilweise unter britischer Herrschaft, teilweise wurden sie von den Buren bedrängt. Insgesamt eine recht ungute Situation.[1]

Im Jahr 1856 begannen sich Bewegungen zu verbreiten, deren Anhänger glaubten, in der Auseinandersetzung mit den Weißen würden sie nun Verstärkung von ihren Toten bekommen. Propheten traten auf, die behaupteten mit den Toten in Verbindung zu stehen. Bevor die Toten aber in den Kampf mit ihren Feinden eintreten, den weißen Siedlern und Kolonialherren, müssten erst noch einige Vorbedingungen erbracht werden. Dazu gehörte, dass alles Vieh geschlachtet und alle Vorräte vernichtet werden müssen.

Nun muss man bedenken, dass das Vieh der größte Reichtum dieses Volkes war. Die Propheten verlangten praktisch, dass sich das Volk der Xhosa um seine eigenen existenziellen Grundlagen bringt.

Nicht alle haben da sofort mitgemacht, es gab auch bedächtige Stimmen, doch die gerieten immer mehr in die Minderheit. Doch schließlich gaben auch diese nach, dem Befehl der Propheten wurde gefolgt, und als das letzte Vieh geschlachtet wurde, das letzte Korn vernichtet, erwarteten die Xhosa die Ankunft des Geisterheeres, welches sie in den siegreichen Kampf begleiten sollte.

Der Rest ist schnell erzählt. Das Geisterheer erschien nicht. Auch die versprochenen Felder von Hirse, reif und zum Verzehr bereit, sprangen nicht aus dem Boden. Missionare und Agenten der Regierung hatten vergeblich versucht, die Xhosa von ihrem Tun abzubringen, die Kraft der Visionen war stärker.

Nun brach Verzweiflung und Hunger aus. Nichts mehr war zu spüren von der Euphorie der vergangenen Monate, die Vision hatte sich als falsch erwiesen. Canetti fasst das Ende so zusammen:

Während des Jahres 1857 sank die Bevölkerung des britischen Teils des Xosa-Landes von 105.000 auf 37.000. 68.000 Menschen waren hier umgekommen. Dabei war das Leben von Tausenden durch Getreidevorräte gerettet worden, die die Regierung hier angelegt hatt. Im freien Teil, wo es keine solche Vorräte gab, ka-

men relativ noch mehr Menschen um. Die Macht des Xosa-Stammes war vollkommen gebrochen.[2]

Canetti untersuchte diesen Fall vor allem im Hinblick auf die Macht der Toten, die in der geistigen Vorstellungskraft vieler Kulturen eine herausragende Rolle spielen. Doch man kann diese Vorgänge auch dahingehend betrachten, dass derartige Mechanismen durch andere Heilserwartungen ausgelöst werden. Das muss nicht unbedingt religiös begründet werden. Von Cortés wird berichtet, dass er nach der Ankunft in der Neuen Welt seine Schiffe verbrannte, um seine Männer höchst möglich zu motivieren. Ein Rückzug sollte ausgeschlossen werden, ein Zurück, das darf es nicht geben.

Am Anfang steht eine Vision. Mehr nicht. Manche mögen sich für diese Vision begeistern, daran glauben, doch bei vielen herrscht auch Zweifel vor. Doch ist die Bewegung erst einmal stark genug, dann reißt sie auch die Zweifler mit. Unverzüglich beginnt man mit der Zerstörung dessen, von dem man glaubt, es steht dem großen Ziel entgegen. Völlig unwichtig dabei ist, welche Auswirkungen dies in der Gegenwart auf die Menschen hat.

Hauptsache man hat zerstört, was einen Rückweg möglich machen würde.

Hier können wir nun eine Brücke zu den grünen Zukunftsvisionen schlagen. Von unumkehrbaren Entscheidungen ist die Rede, bestehende Infrastruktur wird zerstört, ohne einen angemessenen Ersatz zu haben. Dieser wird in der Zukunft erwartet, wenn die gegenwärtigen Abhängigkeiten überwunden sind und alles schön dezentral, nachhaltig und ökologisch ist. Nebenbei entsteht auch noch ein größeres Zufriedenheits- und Glücksgefühl.

Das Vieh war der Reichtum der Xhosa. Sie vernichteten ihren Reichtum einer Vision wegen. Was sie damit bezwecken wollten, ist erst einmal nebensächlich, der Hauptpunkt ist, sie glaubten den Versprechungen, durch diese Handlung würde die Zukunft eine bessere sein. Die Zwangskollektivierung der Landwirtschaft in der frühen Sowjetunion hatte auch eine Vision, alles sollte dem Volk gehören, dann wird alles besser. Das ging ebenfalls schief, unterscheidet sich aber von den Xhosa dahingehend, das die Xhosa alles freiwillig machten, während die Zwangskollektivierung, wie der Name schon sagt, unter Zwang erfolgte. Etwas was gegenwärtig ebenfalls erlebt werden kann.

Unser Wohlstand beruht auf dem Umstand, dass wir fossile Bodenschätze nutzen, zur Energieerzeugung und zur Produktion aller möglicher Güter. Dabei haben wir gelernt, schon aus ökonomischen Gründen, mit diesen Ressourcen immer sparsamer umzugehen, so effektiv wie möglich. Neuere, effektivere, Technologien lösten veraltete ab. Nun sagen uns aber die grünen Visionäre, dass wir diesem Verhalten abschwören sollen, die Welt fliegt uns sonst um die Ohren, oder so ähnlich. Weniger Autos sind besser als mehr, ineffektive Technologien wie die sogenannten ‹Erneuerbaren Energien› sind besser als effiziente. Mit der Umstellung habe man sofort zu beginnen, auch wenn viele Fragen noch unbeantwortet sind, zum Beispiel Speicher für elektrische Energie. Das dies nicht ohne Wohlstandverlusten zu machen ist, ist den grünen Visionären klar. Sie haben Angst, dass sich die Bevölkerung eines Besseren besinnt und wollen deshalb vollendete Tatsachen schaffen. Die Forderung nach Stopp der Forschung zur Entwicklung neuer Kernreaktoren gehört dazu, es ließen sich noch beliebig viele Beispiele nennen.

Uns sollte das Schicksal der Xhosa ein warnendes Beispiel sein. Hier können wir sehen was passiert, wenn man Visionären und falschen Propheten folgt, die zwar eine bessere Zukunft versprechen, dafür aber Verzicht in der Gegenwart fordern. Wenn wir unseren Wohlstand leichtfertig hergeben, dann ist er weg und kommt auch nicht so schnell wieder. Wie das Vieh der Xhosa.

- - - - -

1   „Im Zeitraum 1856–1857 opferten die Xhosa den Geistern ihrer Ahnen aufgrund einer Prophezeiung den größten Teil ihres Viehbestandes und vernichteten ihr Korn."
[wikipedia.org: Xhosa (Volk)]
<https://de.wikipedia.org/wiki/Xhosa_(Volk)>

2   Elias Canetti: Masse und Macht, S. 226 Fischer Taschenbuch Verlag, Frankfurt am Main, 2010

Klaus Töpfer und

der König von Bhutan

Es macht seit einiger Zeit ein Begriff die Runde, für den es kein so richtiges Beispiel gibt: das Bruttoglücksprodukt. Er wird zurzeit von denen gern verwendet, die das Bruttoinlandsprodukt als Grad für eine entwickelte Gesellschaft für nicht ausreichend oder gar falsch erachten, weil es rein quantitativ das Mehr an Gütern und Dienstleistungen anzeigt, nicht aber die Umstände, unter denen es entstanden ist.

Deshalb wird nun im Hause Röttgen (Umweltministerium) auch an einem Wohlfahrtsindex[1] gearbeitet, bei dem Verbraucherausgaben ein wichtiger Punkt ist, neben solchen Dingen wie Verbrauch von Rohstoffen und Schäden für die Umwelt.

Über Sinn oder Unsinn dieses Wohlfahrtsindex möchte ich aber eigentlich gar nicht weiter sprechen, selbstredend ist dies ein Feld, auf dem sich die Liebhaber der Nachhaltigkeit richtig austoben können, um mit ihren Schlussfolgerungen so den Index ins genehme

Licht zu setzen. Oder wie Alexander Horn in NovoArgumente meint:[2]

„Das fatale Bild des bösen, gierigen Menschen, das seit Jahrzehnten die Umweltdiskussion beherrscht, hält nun auch in der offiziellen Wirtschaftspolitik Einzug."

Das Bruttoglücksprodukt ist nun die Steigerung und konsequente Weiterentwicklung des Wohlfahrtsindex. Denn was wünschen sich die Menschen denn mehr, als glücklich zu sein. Doch definiert jedermann Glück anders, was die Erstellung eines Index nicht leichter macht. Besonders häufig hört man das Wort Bruttoglücksprodukt, auch Bruttonationalglück, von Klaus Töpfer, der ist ganz angetan davon, vor allem, nachdem er das Glück hat, sich mit dem König von Bhutan darüber zu unterhalten. Ausschnitt aus einem als Buchform erschienen Gespräch mit Ranga Yogeshwar:[3]

YOGESHWAR: In Bhutan haben sie Zufriedenheit und Glücksgefühle als Maß gesetzt. Anfang 1970 führte man dort das ‹Bruttonationalglück› ein, und langsam fängt man auch im Westen an, sich über solche Lebenskonzepte Gedanken zu ma-

chen. Es könnte sehr spannend werden,
sich zu überlegen, was Menschen glücklich macht.

*TÖPFER: Mit Jigme Khesar Namgyel
Wangchuck, dem König von Bhutan, habe
ich zweimal lange diskutieren können.*

YOGESHWAR: Hatten Sie ein Glück!

*TÖPFER: Jigme Khesar Namgyel Wang-
chuck ist im Grunde nicht mehr König,
weil er den Entschluss getroffen und
durchgesetzt hat, sein schönes Land Bhutan zu einer Demokratie zu entwickeln.
Etwas, was seine Bürger eigentlich gar
nicht recht wollten. Die waren mit ihrem
König sehr glücklich. Erwähne ich das in
öffentlichen Veranstaltungen, ernte ich
damit allenfalls ein Lächeln. Keiner will
das so richtig ernst nehmen. Doch wenn
man mit dem König einmal gesprochen
hat, dann bekommt seine Staatsphiloso-
phie, in deren Zentrum das Glück steht,
eine ganz andere Bedeutung.*

Doch welches Glück meint denn der König?
Sein Premierminister Jigmi Y. Thinley sagte:[4]

Die vier Grundpfeiler des Bruttosozialglücks sind: Der Schutz der Umwelt, die Bewahrung unserer kulturellen Werte, eine wirtschaftliche und soziale Entwicklung, die alle einschließt, und eine gute Regierung. Etwas weiter geht man noch beim Happy Planet Index, der Lebenszufriedenheit, Lebenserwartung und Ökologischen Fußabdruck kombiniert.[5]

Doch wenn ich mir hier die ersten 10 Länder anschaue, also diejenigen wo die angeblich glücklichsten Menschen leben, so beschleichen mich doch ernste Zweifel, ob dieser Index tatsächlich irgendeine sinnvolle Aussage erlaubt (1. Costa Rica, 2. Dominican Republic, 3. Jamaica, 4. Guatemala, 5. Vietnam, 6. Colombia, 7. Cuba, 8. El Salvador, 9. Brazil, 10. Honduras). Außer vielleicht, dass bestimmte klimatische Bedingungen das Wohlbefinden fördern.

Wir können festhalten, dieses Bruttoglücksprodukt ist gänzlich ungeeignet um wirtschaftspolitische Entscheidungen zu treffen. Glück ist eben ein ganz subjektives Gefühl, das nur dadurch erreicht wird, dass Individuen Entscheidungen treffen können die sie glücklich machen. Und Gesellschaften die das Glück sozusagen verordnen, sind nichts anderes als Diktaturen, die ihre Vorstellung von Glück allen anderen aufzwingen möchten und unseren hiesigen Vorstellungen, wonach jeder nach seiner Fasson selig werden soll, entgegenstehen.

Warum findet dann aber Klaus Töpfer den König von Bhutan so toll? Die Antwort dürfte einfach sein: Weil alle wirtschaftlichen Interessen des Landes dem Umwelt- und Naturschutz untergeordnet werden und somit als Beispiel dienen kann, welchen Weg die angestrebte Transformation der Gesellschaft nehmen soll. Doch dieses Beispiel ist völlig untauglich, denn es handelt sich mit Bhutan um eines der ärmsten Länder der Welt, und weil das Bruttosozialprodukt so gering ist, dass die nötigen Aufgaben nicht daraus erwirtschaftet werden können, muss man sich eben von seinen Nachbarn aushalten lassen:[6]

note: the government of India finances

nearly three-fifths of Bhutan's budget expenditures (2010 est.)

Hier schließt sich der Kreis, auch fürs Bruttoglücksprodukt muss irgendjemand eine finanzielle Basis dafür bereitstellen, und wenn man es nicht selbst erwirtschaften kann, nimmt man es eben von anderen. Dieses Spiel kennen wir ja nun schon zur Genüge, die ganze ›Green Economy‹ ist nach diesem Prinzip aufgebaut. Obwohl, wenn jemand meine Fixkosten übernehmen würde, wäre ich auch glücklicher.

- - - - -

1   Das Bruttoinlandsprodukt gilt als Maß der Volkswirtschaft, doch Ökonomen suchen neue Wege, Fortschritt zu messen. Forscher haben jetzt den Nationalen Wohlfahrtsindex errechnet.
[SZ: Alles für den Wohlfühlfaktor]
<http://www.sueddeutsche.de/wirtschaft/bip-alles-fuer-den-wohlfuehlfaktor-1.1099345>

2   Durch den Nachhaltigkeitsansatz ist ein extrem negatives Menschenbild popularisiert worden.
[Alexander Horn: Der schleichende Tod des

Wirtschaftswachstums]
<https://www.novo-
argumente.com/artikel/print_novo106_581>

3   Klaus Töpfer, Ranga Yogeshwar: Unsere
Zukunft
Verlag C.H.Beck oHG, München, 2011

4   Unter Ökonomen erregte Bhutan vor einigen
Jahren Aufmerksamkeit, als die neu gewählte
Regierung beschloss, das vom aufgeklärten
Monarchen befürwortete Maß für den Wohlstand des Landes in der Regierungspraxis an-
zuwenden: das Bruttosozialglück (gross na-
tional happiness).
[suedasien.info: Bhutan misst das Bruttosozialglück. Interview mit Bhutans Premierminister Jigmi Y. Thinley]
<http://www.suedasien.info/interviews/2891>

5   The Happy Planet Index measures what
matters: sustainable wellbeing for all. It tells
us how well nations are doing at achieving
long, happy, sustainable lives.
<http://happyplanetindex.org/>

6   The World Factbook: Bhutan
<https://www.cia.gov/library/publications/the
-world-factbook/geos/bt.html>

Ranga und die

letzten Wünsche

Eines der größten Geheimnisse der Energiewende ist, dass bislang noch niemand so richtig erklären konnte, wie sie funktionieren soll. Eine Fülle von Fragen sind offen. Manche sind technischer, andere finanzieller Natur. Und ganz oft trifft beides gleichzeitig zu. All die Probleme die mit dem Ausbau der sogenannten Erneuerbaren Energien entstehen, und die einer erfolgreichen Energiewende entgegenstehen, sollen jetzt gar nicht aufgezählt werden, dazu gibt es hier und anderswo genügend Beispiele.

Nun war im 3sat Ranga Yogeshwar bei Peter Voß zu Gast und Thema der Sendung war: „Schaffen wir die Energiewende?" Das Gespräch dauerte immerhin eine dreiviertel Stunde, man sollte meinen, das ist genug Zeit um die wichtigsten Probleme anzusprechen. Also wie der Netzbau bewältigt werden soll oder welche Speicher angedacht sind. Oder auch nur, wie die geforderten Einsparungen für die Industrie tragbar gestaltet werden.

Und was das alles kosten soll. Doch Pusteku-
chen, konkrete greifbare Probleme wurden
fast völlig ausgeblendet, statt dessen ging es
hauptsächlich darum, wie durch die sogenannten Erneuerbaren Energien die Welt besser werden soll.

Am Anfang ging es um Mobilität. Der Zug
ist besser als das Flugzeug und Autos braucht
man nicht mehr zu kaufen, sondern werden
nur bei Bedarf gemietet. Dies wird von Yogeshwar so begründet, dass man doch sein Auto
sowieso nur die meiste Zeit herum stehen hat,
und man Geld für Luxus wie Sitzheizungen im
Auto ausgibt, dafür aber mitunter auf einer
lausigen alten Matratze schläft. Grandioser
Vergleich. An diesem Punkt hatte ich erst einmal abgeschaltet, wollte mir das weitere Gespräch nicht mehr antun. Später wollte ich es
dennoch wissen, ob doch noch etwas Inter-
essantes hinzukam. Dem war nicht so.

Es ging weiter mit dem Gesang über die
Endlichkeit der Ressourcen. Ein Thema, welches recht lange in verschiedenen alarmistischen Blickwinkeln betrachtet wurde. Es
gipfelt in der Feststellung, dass Ausgaben
fürs Militär hauptsächlich deswegen entstehen, um Rohstofflieferungen abzusichern. Die
Kosten für den Militärhaushalt sollten daher

auch den fossilen Energien zugeschlagen werden, damit wären die Erneuerbaren auch gleich mal viel billiger, im Vergleich.

Zum Schluss geht es noch einmal ums Glück und, dass materielles Wachstum nicht der Schlüssel zum Glück ist. Hier schlägt der Ranga noch vor, man solle sich ein Beispiel daran nehmen, was Menschen noch machen möchten, wenn sie bereits auf dem Sterbebett liegen. Das wäre in den wenigsten Fällen die Absicht, noch mehr Zeit zu haben um mehr Geld zu verdienen.

Kurz und Gut, die übliche Kapitalismus- und Gesellschaftskritik wurde vorgebracht, und dass wir uns alle ändern und umstellen müssten, doch wie die Energiewende gelingen soll, was ja das Thema der Sendung war, darüber konnte man nichts erfahren. Es wurden die Probleme gar nicht angesprochen, der Grund warum die Energiewende nötig sein soll, der Klimawandel also, spielte ebenfalls keine Rolle.

Aber vielleicht wurde eine Antwort gegeben, die allerdings erst auf dem zweiten Blick erkennbar ist. Die Energiewende ist tatsächlich zu schaffen, und zwar, wenn sich das Verhalten der Menschheit ändert. Und dies ist die wahre Intention von Leuten wie Yoges-

hwar, die Energiewende dient nur als Mittel
zum Zweck, um weltanschauliche Vorstellungen umzusetzen. Da braucht man sich natürlich keine Gedanken um technische und finanzielle Aspekte zu machen, die Menschen
brauchen nur ein neues und erweitertes Bewusstsein, was letztlich auf Umerziehung hinaus läuft, und alles wird gut.

Die Wurzeln

der Sonnenblumen

In letzter Zeit gingen Meldungen durch die Presselandschaft, wonach sich rechtsextreme Gruppierungen in der Ökoszene ausbreiten, oder rechtsextremes Gedankengut unter einem grünen Schafpelz verborgen, den Weg in die Mitte der Gesellschaft finden würde.[1]

Immer wieder in diesem Zusammenhang wird die Zeitschrift Umwelt & Aktiv genannt. [2] Der ›Schriftleiter des Blatts‹, so die Süddeutsche Zeitung, war niederbayerischer NPD-Kandidat für die Landtagswahl 2008. Und in der Tat, bei Umwelt & Aktiv sieht man sich in der Tradition von Herbert Gruhl, Baldur Springmann und August Haußleiter.[3] Allesamt konservative Naturschützer, die auch in der Anfangszeit der Grünen einen sehr großen Einfluss hatten, und für die Naturschutz nicht nur einfach Naturschutz war, sondern auch Heimatschutz. Fälschlicherweise wird dies dann automatisch mit dem Nationalsozialismus in Verbindung gebracht, selbst Jürgen Trittin stellte eine ›sehr erhebliche ideologische Schnittmenge‹ zwischen Naturschutz und Nationalsozialismus fest und schlussfolgert:[4]

„Es gab eigentlich keinen Punkt, an dem Naturschutz und Nationalsozialismus ideologisch grundsätzlich unvereinbar waren."

Dies ist bei den meisten Kommentatoren unstrittig und doch falsch, weil der Ursprung des Naturschutzes weit vor dem Entstehen des Nationalsozialismus liegt. Die deutschen Faschisten haben die völkische Naturschutzbewegung nur einfach in ihr Weltbild eingegliedert. Diese wiederum hatte die von der Romantik beeinflusste Heimatschutzbewegung um den völkischen Gedanken erweitert.[5]

Insgesamt kann man den deutschen Heimat- und Naturschutz als Gegenbewegung der Umwandlungsprozesse im 19. Jahrhundert betrachten. Schon damals beunruhigten Industrialisierung, veränderte Landschaftsbilder, Urbanisierung sowie Globalisierung, viele Menschen. Das Idealbild eines unverdorbenen Landlebens entstand, welches Ausstrahlung bis in die damalige zeitgenössische Kunst hatte.[6] Keinesfalls im Gegensatz dazu steht die aus Rudolf Steiners Anthroposophie hervorgehende Biologisch-Dynamische-Landwirtschaft, heute vor allem von der Demeter e.V. vertreten, die nur deshalb heute nicht mit dem Nationalsozialismus in Verbindung gebracht wird, weil sie von der Mehrheit der NS-Führung abgelehnt wurde und anthroposophisches Denken ›nicht biologisch-rassisch, sondern biologisch-kosmisch‹ sei.[7][8] Dennoch hatte sie mit NS-Größen wie Rudolf Heß prominente Anhänger. Auf Abgrenzung waren aber die Nationalsozialisten bedacht, nicht die Anthroposophen.[9]

Als Zwischenfazit kann man also feststellen, dass die heutige rechtsextreme Variante der Umweltschutzbewegung nicht auf nationalsozialistischem Gedankengut beruht, sondern auf völkischen Vorstellungen, verbunden mit der Romantik, aus dem 19. Jahrhundert. Wenn wir heute die völkischen Vorstellungen mit Nationalsozialismus gleichsetzen, dann ist dies zwar nicht völlig falsch, doch ist diese Sichtweise stark verkürzt und lässt außer acht, was zuerst da war.

Hätte es das NS-Regime und deren Verbrechen nicht gegeben, die völkische Bewegung des 19. und frühen 20. Jahrhundert würde heute wahrscheinlich als simpler rechter Patriotismus angesehen.[10] Rechte Ökologisten sind nur dann dem Neonazi-Spektrum zuzuordnen, wenn sie gleichzeitig rassistisch und antisemitisch sind.

Nach dem Krieg baute man einfach auf bestehende Gesetze auf und „Ähnlich wie in der deutschen Gesellschaft als Ganzes war der Umgang der Naturschützer mit ihrem Verhalten während der NS-Zeit von Verharmlosungen und Verdrängung geprägt".[11] Erst in den frühen siebziger Jahren begann sich eine neue Umweltschutzbewegung zu entwickeln, die nun nicht mehr völkisch genannt werden konnte, aber dennoch wesentliche Elemente aus den romantischen Vorstellungen des 19. Jahrhunderts übernahm, ebenso die Angst vor Industrialisierung, Globalisierung, Landschaftsveränderung und einiges mehr. Und auch der Begriff Heimat erlebte eine Renaissance in Form von regionaler Identität. Dieser unterschied sich von den völkischen Vorstellungen des 19. Jahrhunderts nur insofern, als der Begriff Rasse keine Rolle mehr spielte. „Die dem Nachhaltigkeitspostulat zugrundeliegende Idee, die ökonomische Entwicklung an die Berücksichtigung sozialer Belange und ökologischer Tragfähigkeit im Rahmen eines Gestaltungsauftrags zu koppeln, entspricht im Grundsatz dem Ansatz des frühen Heimatschutzes."[12]

Wenn also heute davon gesprochen wird, dass die Umweltschutzbewegung von rechtsradikalem Gedankengut unterwandert wird, so wie anfangs dargestellt, so können wir nun feststellen, dass dies nicht stimmen kann, da der deutsche Heimat- und Naturschutz seine Wurzeln und Ausprägungen im konservativen Milieu hat und tendenziell eher politisch rechts einzuordnen ist. Die Grundüberzeugungen die einhergehen mit der Kritik an der modernen Gesellschaft, der Dekadenzkritik und der Angst vor der Beeinflussung von außen, hier vor allem in Form vor internationalen Konzernen, haben somit eine lange Tradition. Der rechte Umweltschutz ist urtraditionell und authentisch und versteckt sich nicht hinter einem ökologischen Zeitgeist, sondern war schon immer so.

Linke Umweltschützer reagieren auf solche Feststellungen sehr allergisch und das verwundert nicht, teilen sie doch mit den Rechten das gleiche Überzeugungsportfolio. Gleich einem Häretiker der ungern auf die Wurzeln seines Glaubens angesprochen wird, und sich von diesen abzugrenzen versucht, meint der Mainstream der heutigen Ökologisten, den wahren Glauben gefunden zu haben.

In Wirklichkeit ist es aber die linksalternative Szene, die ursprünglich mit Umweltschutz nicht viel zu tun hatte, die sich das
Thema Ökologismus gekapert hat, weil es sich
so wunderschön mit Kapitalismuskritik verbinden lässt und als Grund dafür herhalten
muss, die beabsichtigte Umgestaltung der Gesellschaft zu legitimieren. Mit Klassenkampfparolen erreicht man eben keine Massen
mehr. Der Historiker Joachim Radkau meint
gar, es ist „der Ökologismus weltweit als einzige ideologische Alternative zur absoluten
Hegemonie des privaten Gewinn- und Konsumstrebens übrig geblieben."[13] So gesehen
ist auch klar, wer hier wirklich der Wolf im
Schafpelz ist.

Den Grünen ist mit diesem Trick der
Sprung bis in konservativste Bereiche der Gesellschaft gelungen. Ob Schützenverein, Heimatverein, Kirchchor, egal wo, Grüne und
Ökologismusanhänger sind dabei. Die Verschmelzung ist deswegen nicht so schwergefallen, weil es im Prinzip keine großen Differenzen gegeben hat. Solche Begriffe wie Heimat, regionale Identität, Globalisierungsangst
beschreiben den Kitt der beide Gruppen ver-

bindet. Die Umweltbewegung ist deshalb in Deutschland stärker als in anderen Ländern, weil es einen Zusammenfluss von Rechten und Linken, oder sagen wir besser, aus konservativen Gruppen und Neomarxisten gegeben hat.[14]

- - - - -

1   Rechtsextreme entdecken das Thema Naturschutz. Artikel vom 07.02.2012
        [Welt.de]
        <http://www.welt.de/politik/deutschland/article13854604/Rechtsextreme-entdecken-das-Thema-Naturschutz.html>

2   Internetauftritt von Umwelt & Aktiv.
        [Umwelt & Aktiv]
        <http://www.umweltundaktiv.de/>

3   [Wikipedia: Herbert Gruhl]
        <https://de.wikipedia.org/wiki/Herbert_Gruhl>
        [Wikipedia: August Haußleiter]
        <https://de.wikipedia.org/wiki/August_Hau%C3%9Fleiter>
        [Wikipedia: Baldur Springmann]
        <https://de.wikipedia.org/wiki/Baldur_Springmann>

4   Radkau u.a. (Hgg.): Naturschutz und Natio-

nalsozialismus. Rezensiert für H-Soz-u-Kult
von: Stefanie Hennecke, Bernd Schütze, An-
nette Voigt und Axel Zutz [H-Soz-u-Kult]
<http://www.hsozkult.de/publicationreview/id
/rezbuecher-3201>

5   Die Heimatbewegung, auch Heimatschutzbe-
     wegung, war eine Bewegung gegen Ende des
     19. Jahrhunderts, deren Ziel die Stärkung na-
     tionaler Identität war.
     [Wikipedia: Heimatbewegung]
     <https://de.wikipedia.org/wiki/
     Heimatbewegung>

6   Als Beispiel hier der "Säende Landmann,"
     symbolisch für nationale Selbstbestimmung
     und Unabhängigkeit, trotz der fortschreiten-
     den Industrialisierung.
     [BR Kunst und Krempel: Säender Landmann]
     <https://www.br.de/br-
     fernsehen/sendungen/kunst-und-
     krempel/schatzkammer/skulpturen/kunst-
     krempel-saemann-102.html>

7   Demeter Betriebe arbeiten biologisch-dyna-
     misch, d. h. auf der Grundlage anthroposophi-
     scher Richtlinien.
     [demeter.de: Über uns]
     <http://www.demeter.de/verbraucher/ueber-
     uns>

8   In früheren Beiträgen verortete Zander die

Entsteh-ungsgeschichte der theosophisch-anthroposophischen Bewegung im Sammelsurium völkischer Sondergemeinschaften, wie sie sich seit dem ausgehenden 19. Jahrhundert im deutschsprachigen Raum zu formieren und in den Jahren nach dem Ersten Weltkrieg zu konsolidieren begannen.
[Ralf Sonnenberg: Judentum, Zionismus und Antisemitismus aus der Sicht Rudolf Steiners]
<http://www.hagalil.com/antisemitismus/deutschland/steiner7.htm>

9   In der Septemberausgabe der Zeitschrift [Demeter] lag zudem ein Flugblatt bei, in dem der Herausgeber, Erhard Bartsch, die biologisch-dynamischen Landwirte zur Unterstützung des "Führers" aufrief. Bartsch bemühte sich offenbar sogar um eine Mitwirkung an den Besiedlungsplänen der SS für den "Lebensraum im Osten".
[AnthroWiki: Anthroposophie während des Nationalsozialismus]
<http://anthrowiki.at/Anthroposophie#W.C3.A4hrend_des_ Nationalsozialismus>

10   Ordnungen der Ungleichheit. Die deutsche Rechte im Widerstreit ihrer Ideen 1871-1945, Rezensiert für H-Soz-u-Kult von: Jens Hacke.
[H-Soz-u-Kult]
<http://www.hsozkult.de/publicationreview/id

/rezbuecher-924>

11   Naturschützerische Zentralkonzepte wie ›Na-
      tur‹, ›Landschaft‹ oder ›Heimat‹ waren durch
      ihre Verwendung in der Weltanschauung des
      Nationalsozialismus offenbar nicht im Urteil
      der Bevölkerung desavouiert worden. Im Ge-
      genteil erfreuten sie sich aufgrund ihrer ro-
      mantisch-heimeligen Konnotationen in der
      frühen Nachkriegszeit sogar besonderer Be-
      liebtheit.
      [Historisches Lexikon Bayerns: Natur- und
      Umweltschutz (nach 1945)]
      <https://www.historisches-lexikon-bayerns.-
      de/Lexikon/Natur-_und_Umweltschutz_
      %28nach_1945%29>

12   Die mögliche Renaissance des Heimatbegriffs
      ist sowohl durch die antidemokratischen, völ-
      kischen Tendenzen problematisch, die in der
      „Heimatschutzbewegung" des 19. Jahr-
      hunderts stark ausgeprägt waren, als auch
      durch die rassistische Interpretation der Be-
      griffe von „Heimat" und „Landschaft" in der
      Zeit des Nationalsozialismus.
      [Bundesamt für Naturschutz: Die Vilmer The-
      sen zu „Heimat" und Naturschutz]
      <http://www.bfn.de/fileadmin/MDB/docu-
      ments/service/Skript_281.pdf>

13   Wie diese anderen Ideologien biete auch Öko-

logismus eine analytische Beschreibung der Gesellschaft, setze eine bestimmte wünschenswerte Form von Gesellschaft voraus und enthalte eine Programmatik für politisches Handeln.
[Wikipedia: Ökologismus]
<https://de.wikipedia.org/wiki/%C3%96kologismus>

14   Dr. Frank Uekötter im SWR2 Forum: Wie braun ist Bio? - Rechtsextremismus in der Umweltbewegung (ab 21:29 min)
[SWR2 Forum: Wie braun ist Bio?]
<https://swrmediathek.de/player.htm?show=39c2d9a0-992b-11e1-bc70-0026b975f2e6>

Agenda 2010

und die Energiewende

Prof. em. Dr. Dr. h. c. Hans-Peter Schwarz hielt 2009 im Festsaal der Uni Bonn einen Vortrag mit dem Titel: „Woran scheitern deutsche Bundeskanzler?"[1][2] Eigentlich müsste es richtig ›scheiterten‹ heißen, denn es geht ja um die ehemaligen Bundeskanzler, und ob die Vorgänge, die in der Vergangenheit wirksam wurden, auch in Zukunft zutreffen, diese Einschätzung überlässt Schwarz dem Zuhörer. Doch klar ist, so erfolgreich sie auch im Zenit ihrer Macht waren, letztendlich sind sie alle gescheitert. Richtig freiwillig ist keiner zurückgetreten. Was waren aber die Gründe dafür? Diese sich ein wenig genauer anzuschauen erlaubt einen Einblick in die Machtarithmetik der Kanzlerdemokratie.[3] Danach darf man sich die Frage stellen, welche der beschriebenen Vorgänge auch heute noch denkbar und wahrscheinlich sind.

Schwarz nennt sechs Hauptgründe des Scheiterns, wobei zwei herausragen: 1. Massiver Vertrauensverlust des Kanzlers in der eigenen Partei; und 2. Koalitionsbruch.[4]

Punkt 2 können wir erst einmal bei Seite lassen, meist ist/war der Koalitionsbruch auch eine Folge von Vertrauensverlust des Kanzlers in der eigenen Partei. Stellvertretend darf hier der Wechsel der FDP zur CDU/CSU genannt werden. Schmidt konnte sich 1982 nicht mehr in der eigenen Partei durchsetzen, und mit einer nach links rückenden SPD unter Willi wollten die Liberalen nicht mehr weiter machen. Schon hier wird klar, Gefahr für den Kanzler erwächst hauptsächlich aus der eigenen Partei.

> *„Ein Bundeskanzler sitzt nur dann fest im Sattel, wenn er die eigene Partei zum Instrument seines Willens geformt hat."*

Wobei, so argumentiert Schwarz, zuallererst die Fraktion der Kanzlerpartei genannt werden muss. Selbst wenn sich im Fußvolk Unmut breit macht, solange sich nicht ganze Landesverbände gegen Kanzlerentscheidungen stellen, und somit Unruhe in die Fraktion bringen, droht keine wirkliche Gefahr. In diesem Zusammenhang sind natürlich auch Wahlversprechen der Kanzlerpartei zu nennen. Niemals sei ein Kanzler an gebrochenen

Wahlversprechen gescheitert.

Das beste Beispiel dafür, was passiert, wenn es ein Kanzler versäumt die eigenen Leute hinter sich zu bekommen, ist Gerhard Schröder. Seine Agenda 2010 spaltete die SPD und führte letztlich zur Wahlniederlage.

Doch gerade dieser Vorgang verdient genauer betrachtet zu werden. Es ist nicht das erste Mal, dass ein Kanzler eine Entscheidung gegen den Widerstand großer Teile der eigenen Partei durchsetzen wollte, dies auch schaffte, dabei aber die Kanzlerschaft verlor. Der Nato-Doppelbeschluss gehörte dazu, wobei, wenn dies der einzige Grund gewesen wäre, in der es Differenzen mit der eigenen Partei gegeben hätte, die Sozial-Liberale Koalition wäre nicht gescheitert.

Zwei Meister im Machterhalt als Kanzler kennen wir: Konrad Adenauer und Helmut Kohl. Beide versicherten sich den Rückhalt ihrer Partei, vor allem der Fraktion, bevor sie grundlegende politische Entscheidungen trafen. Und beide hielten sich für unersetzlich, weshalb sie letztlich auch den Punkt versäumten, die Macht an einen geeigneten Nachfolger abzugeben. Adenauer wurde seine Fixierung auf Frankreich in der Außenpolitik zum Verhängnis, Erhard stand mehr für eine Orientierung Richtung Amerika und konnte mit dieser Ansicht die Mehrheit der Partei hinter sich bringen. Kohl wiederum, er wurde schon lange von einem Popularitätsverlust geplagt, glaubte sich unersetzlich, weil er nach der deutschen Einheit unbedingt noch den Euro unter Dach und Fach haben wollte.

Doch kommen wir zur Gegenwart. Welche Fehler hat die gegenwärtige Kanzlerin gemacht, die vergleichbar wären mit denen ihrer Vorgänger. Von den zwei großen Themen die derzeit die öffentliche Debatte bestimmen, Euro und Energiewende, wird man Merkel den Euro nicht als Fehler an lasten, egal was sie noch beschließt oder wie die Krise ausgeht. Aber es könnte ihr zum Verhängnis werden, wenn sie ihre Mannen nicht hinter sich bringt. Davon ist momentan nicht auszugehen, am ehesten könnte ihr die FDP einen Strich durch die Rechnung machen, oder das Verfassungsgericht, da aber in der CDU/CSU keine nennenswerte Euroskepsis zu erkennen ist, wird sie eben gegebenenfalls mit einem anderen Koalitionspartner weiter machen. Helmut Kohl hatte eine Vision vom Euro, sah das große Ziel. Angela Merkel fährt auf Sicht. Das ist wohl der große Unterschied zwischen beiden. In Bezug auf Machterhalt hat Merkel in der Eurofrage keine Fehler gemacht, ihrer eigenen Fraktion und ihrer Partei konnte und kann sie sich sicher sein.

Anders sieht es mit der Energiewende aus. Diese Entscheidung wurde in den eigenen Reihen nicht gründlich vorbereitet und viele Parteianhänger fühlen sich überrumpelt. Entsprechender Unmut ist deshalb an der Parteibasis vorhanden und bricht nur deshalb nicht deutlicher hervor, weil bei CDU/CSU eine größere Selbstdisziplin herrscht. Entsprechende Vorgänge in der SPD hätten schon lange zu einem offenen Schlagabtausch geführt. Doch, auch wenn man in der CDU den offen ausgetragenen Konflikt scheut, ist einem Profi wie Frau Merkel, mit ihrem Gespür für Macht, bewusst, dass sie nun das Versäumte nachholen muss. Dazu muss sie auf die Kritiker der Energiewende zugehen, denn der Unmut beginnt die Fraktion zu erreichen[5] und wenn Hans-Peter Schwarz Recht hat mit seiner Analyse, so ist die Fraktion der Kanzlerpartei der wichtigste Indikator über die Macht der Bundeskanzler.

Noch ist es nicht zu spät für Frau Merkel die Versäumnisse nachzuholen, die Frage ist nur, will sie das auch. Dazu muss sie abwägen, was ihr wichtiger ist: die Energiewende oder der Machterhalt. Die Antwort dürfte klar sein, der Machterhalt natürlich. Dazu braucht sie aber Leute, die versöhnend statt spaltend wirken. Vor diesem Hintergrund muss auch die Entlassung Norbert Röttgens gesehen werden, der hätte nur zu einer weiteren Spaltung der Partei, und letztlich auch der Fraktion, beigetragen und damit Merkels Machtbasis bedroht.[6]

Helmut Kohl wurde nachgesagt, dass er engen Kontakt bis hin zu den jeweiligen Kreisverbänden gepflegt hat, weshalb er auch ein Gespür hatte, was mit seiner Partei geht und was nicht. Und als sich dann doch ein Putsch ankündigte, konterte Kohl seine Gegner souverän aus.[7] Ganz anders Gerhard Schröder, der noch in der Wahlnacht seiner Niederlage vor millionenfachem Publikum von seiner SPD sprach. Das war schon lange nicht mehr seine SPD, er hatte es nur noch nicht gemerkt.

Bei Angela Merkel konnte man in letzter Zeit Tendenzen erkennen, die dem Realitätsverlust des Gerhard Schröder gleichen. Falscheinschätzungen über die Befindlichkeiten in der Partei und Fraktion. Die Unruhe, die da herrscht darüber, dass eine Reihe von Landtagswahlen verloren gegangen sind, und das die Hinwendung zu den Grünen die

Stammwähler ins Lager der Nichtwähler treibt. Mandatsträger sehen ihre Zukunft gefährdet und wenn keine Aussicht auf Besserung der Missstände besteht, wird man sich auf die Suche nach einem Brutus machen.

Sie kommt aus dieser für sie bedrohlichen Lage nur heraus, wenn sie die Partei wieder geschlossen hinter sich bringt. Dazu muss sie auf die Kritiker der Energiewende zugehen und auch hier das große Ziel fallen lassen und sozusagen auf Sicht fahren. Wenn dies geschieht, und momentan deutet vieles darauf hin, wird allerdings von der Energiewende nicht mehr viel übrig bleiben. Weil dieses auf Sicht fahren bedingt, dass nun die vor den Füßen liegenden Probleme erkannt werden und das Handeln bestimmen. Sollte sie sich entschließen die Energiewende mit nun neuem Personal aber mit den gleichen Inhalten durchzudrücken, wird sie das gleiche Schicksal erleiden wie Gerhard Schröder mit seiner Agenda 2010. Es wäre nur noch offen, auf welche Weise sie gestürzt wird: durch Putsch oder durch Abwahl.

Die Schlussfolgerungen, die man ziehen kann, sind durchaus, dass die Machtbasis von Angela Merkel bröckelt und dass dieser Vorgang ähnliche Auswirkungen haben könnte, wie es die Agenda 2010 für Gerhard Schröder hatte. Es soll dieser Aspekt noch weiter vertieft werden, da ständig Dinge passieren, die deutlich machen, wie weit der Riss in der Anhängerschaft der Kanzlerin schon vorgedrungen ist.

Im Handelsblatt[8] wurde der wirtschaftspolitische Sprecher der Unions-Fraktion im Bundestag, Joachim Pfeiffer, zitiert, der sich für eine schnelle Änderung des EEG ausgesprochen hatte. Insbesondere nimmt er die Fotovoltaik aufs Korn:

„Denn Fotovoltaik ist nicht die Kuh, die am meisten Milch gibt – vielmehr frisst sie den Stromverbrauchern das letzte Haar vom Kopf."

Weiter macht er deutlich, dass der Umbau des Energiesystems nur mit dem Markt erfolgreich sein kann und geht damit auf die Worte des Bundespräsidenten ein, der sich ja ebenfalls gegen Planwirtschaft in dem Bereich ausgesprochen hat.

Eine Schwalbe macht noch keinen Sommer, könnte man hier sagen, denn wenn man sich durch die verschiedenen offiziellen Verlautbarungen liest, insbesondere vom Bundesumweltministerium, dann ist von einer Trendwende nicht viel zu sehen. Auf den ersten Blick natürlich nur, denn erstaunlich oft hört man nun das Wort ›nachsteuern‹. Dieses Nachsteuern bedeutet nichts anderes als Korrektur, so wie jeder Fahrzeuglenker nachsteuern muss, weil er sonst im Straßengraben landet. Viel wichtiger ist aber, um wieder zurück zum Thema zu kommen, ob die Unionsfraktion der Kanzlerin noch folgt. Und hier sind ernste Zweifel angebracht.

Denn nicht nur der wirtschaftspolitische Sprecher der Unionsfraktion verlässt die vorgegebene Linie, auch der stellvertretende Unions-Fraktionsvorsitzende, Michael Fuchs, findet deutliche Worte,[9] und fordert: „Das EEG braucht mehr Markt, Bedarfsorientierung und Kosteneffizienz. Ein möglicher Weg könnte die Einführung eines verbindlichen, kontinuierlich ansteigenden, subventionsfreien Eigenvermarktungsanteils sein." Neben anderen Forderungen, die alle in die gleiche Richtung gehen, wird ein Kernsatz deutlich, der heißt: Die sogenannten Erneuerbaren Energien müssen sich dem Markt stellen. Und als ob das noch nicht genug wäre, macht er gleich noch ein weiteres Fass auf:

„Neue Technologien verdienen eine Chance. Ein Hochtechnologiestandort wie Deutschland kann es sich beispielsweise nicht leisten, eine innovative Technologie wie das Fracking zur Erkundung unkonventionellen Erdgases, die in vielen Ländern dieser Welt angewandt und fortentwickelt wird, von vornherein auszuschließen. Deutschland muss alles dafür tun, eine neue Kultur der Technologieoffenheit und -freundlichkeit zu schaffen. Das Thema muss verstärkt Eingang in Schule, Ausbildung und Erziehung finden."

Dass er eine neue Kultur anmahnt, dies in Verbindung mit Schulen und unkonventionellem Erdgas, kann gar nicht hoch genug bewertet werden. Schließlich handelt es sich hier nicht um einen Hinterbänkler. Es wird zu beobachten sein, ob sich derartige Äußerungen wiederholen und vor allem, ob sich die Kanzlerin dazu äußert oder schweigt.

Dieses Statement von Fuchs wurde auf dem Wirtschaftstag des Wirtschaftsrates der CDU am 12.06 abgegeben. Der Rat hat einigen Einfluss in der Partei, was auch erklärt, dass Andrea Merkel an diesem Treffen daran teilnahm, ebenso weitere Größen aus Politik und Wirtschaft, wie Günther Oettinger, Jyrki Katainen, Jörg Asmussen, Tuomo Hatakka, Anshu Jain, oder Wolfgang Schäuble. Schon in seiner Eröffnungsrede machte Kurt Lauk, Präsident des Wirtschaftsrates, auf bestehende Differenzen aufmerksam, und kommentierte eine Umfrage unter den Mitgliedern mit den Worten, dass die Energiepolitik der Bundesregierung nur 16 % Zustimmung genieße.[10]

In ihrer Rede geht Frau Merkel darauf ein und merkt an, dass da noch Luft nach oben existieren würde, und hat damit ein paar verhaltene Lacher auf ihrer Seite. Doch auffällig ist, für ihre Erläuterungen zur Energiepolitik bekommt sie keinerlei Beifall. Dieser kommt erst auf, als sie über die Europa- und Schuldenpolitik spricht. Diese Beifallsverweigerung kann vor einem so disziplinierten Publikum nur als offene Ablehnung gedeutet werden.

Kommen wir aber noch mal zurück zur Machtarithmetik der Kanzlerdemokratie. Wie schon ausgeführt, spielt hier die Fraktion der Kanzlerpartei eine besondere Rolle. Und Angela Merkel bestätigt dies ausdrücklich, indem sie Worte Adenauer zitiert, wonach Sitzungen der Bundestagsfraktion der ›Vorhof zur Hölle‹ seien.[11] Und weiter noch, dass sie wegen dieser Sitzung die Tagung des Wirtschaftsrates vorzeitig verlassen müsse, denn Bundeskanzler dürften so ziemlich viel, doch nicht zur Fraktionssitzung zu spät kommen.

Vor diesem Hintergrund sind die Äußerungen von Fuchs und Pfeiffer, beide mit wichtigen Aufgaben in der Unionsfraktion betraut, schon ein deutlicher Hinweis darauf, dass die Fraktion nicht gewillt ist der Kanzlerin kritiklos zu folgen. Angela Merkel wird sich das ganz genau anschauen, sie selbst hatte schon in Oppositionsjahren die Wichtigkeit des Fraktionsvorsitzes erkannt (Friedrich Merz kann da ein Lied davon singen.). Um so mehr muss es sie schmerzen, dass sie auf Peter Altmaier in dieser Funktion verzichten muss. Vor allem da sich mit dem Betreuungsgeld eine neue Baustelle aufgetan hat, bei der es auch besonders wichtig ist, die Fraktion zusammen zu halten. Hier hat der neue im Amt, Michael Grosse-Brömer, schon mal einen Fehlstart hingelegt.

Abschließend lässt sich also feststellen: Die Unionsfraktion macht derzeit keinen geschlossenen Eindruck. Es sieht danach aus, als ob die Karten neu verteilt werden und diese Situation ist für Andrea Merkel keine angenehme. Es ist natürlich noch nicht soweit, dass man sie infrage stellt, doch um die Abweichler, die nun in der einen oder anderen Sache Rückenwind verspüren, wieder einzufangen, wird es Kompromisse geben müssen. Die Zeit dazu wird knapp, die nächste Bundestagswahl steht drohend im Raum.

- - - - -

1   Hans-Peter Schwarz (*13. Mai 1934 in Lörrach, † 14. Juni 2017) war ein deutscher Politikwissenschaftler und Zeithistoriker. [Wikipedia]
<https://de.wikipedia.org/wiki/Hans-Peter_Schwarz_%28Historiker%29>

2   Video der Rede von Hans-Peter Schwarz auf der Seite der Uni Bonn.
[Vom Scheitern der deutschen Bundeskanzler]
<https://www.youtube.com/watch?v=xeKDsZ-BX4ko>

3   Der Begriff der Kanzlerdemokratie beschreibt eine mögliche Ausformung des deutschen Regierungssystems, in der der Bundeskanzler eine starke Stellung hat, und steht im Gegensatz zur Koordinationsdemokratie.
[Wikipedia Kanzlerdemokratie]
<https://de.wikipedia.org/wiki/Kanzlerdemokratie>

4   Im Video (2) ab 1:50 min: Die sechs Haupt-
        gründe des Scheiterns:
        1. Massiver Vertrauensverlust in der eigenen
        Partei mit der Folge eines Putsches,
        2. Koalitionsbruch,
        3. Größere Attraktivität der zweiten Großpar-
        tei,
        4. Spektakuläre Wahlniederlagen der Kanzler-
        partei bei Landtagswahlen,
        5. Abwahl eines Kanzler bei einer Bundes-
        tagswahl,
        6. Anteil der eigenen Persönlichkeit des Kanz-
        lers am Scheitern.

5   Im Handelsblatt wird der wirtschafts-
        politische Sprecher der Unions-Fraktion im
        Bundestag, Joachim Pfeiffer, zitiert. Dieser
        möchte eine schnelle Änderung des EEG in
        Richtung dahin, dass sich die (sogenannten)
        Erneuerbaren dem Markt stellen müssen.
        [Handelsblatt: Gauck löst Subventionsstreit
        aus]
        <http://www.handelsblatt.com/politik/deutsch
        land/rede-zur-energiewende-gauck-loest-sub-
        ventionsstreit-aus/6714630.html>

6   Peter Heller beschreibt im Science-Skeptical,
        dass die Bundesregierung in zwei Gruppen
        zerfällt. Diejenigen die als oberste Priorität
        die Macht sehen, und die Überzeugungstäter

wie Röttgen.

[Science-Skeptical-Blog: Norbert Röttgen und die neue APO]

<http://www.science-skeptical.de/blog/norbert-rottgen-und-die-neue-apo/007752/>

7   1989 versuchten Lothar Späth, Rita Süssmuth, Ernst Albrecht und Heiner Geißler an Kohls Stuhl zu sägen. Der hatte aber durch seine guten Kontakte stets einen Informationsvorsprung und konterte seine innerparteilichen Gegner aus.

[Der Spiegel: Blamierte Frondeure]

<http://www.spiegel.de/spiegel/print/d-13507081.html>

8   Der Artikel im Handelsblatt (5) befasst sich hauptsächlich mit der Rede des Bundespräsidenten zur Eröffnung der Umweltwoche. In dieser Rede hatte Gauck vor einer Planwirtschaft bei der Energiewende gewarnt.

9   Auf dem Wirtschaftstag des Wirtschaftsrates der CDU ev. war unter anderen Michael Fuchs beim Podium „Industrieland Deutschland: Zwischen Innovation und Abriss“ anwesend.

[Reden und Statesments auf dem Wirtschaftstag 2012] <http://www.wirtschaftsrat.de/wirtschaftsrat.nsf/id/wirtschaftstag-2012-dokumente-de>

10   Lauk: "Frau Bundeskanzlerin, die Umfrage
      hat auch gezeigt, dass sie im Grunde 100 %
      Zustimmung im Wirtschaftsrat haben, die set-
      zen sich so zusammen: 84% für ihre Europa-
      politik und 16% für ihre Energiepolitik"
      [Video (Ausschnitt, 0,32 min)]
      <http://www.youtube.com/watch?v=GX-
      5g7B9TSY>

11   Videomitschnitt dieser Passage auf Youtube.
      [Merkel über die Wichtigkeit der Unionsfrak-
      tion]
      <https://youtu.be/j8c5w0tkofg>

Humanophober Ökologismus

Ökologie, dieses Wort, diese Bezeichnung in all ihren Ableitungen, hat Eingang in unsere Umgangssprache gefunden. Man spricht positiv von ökologisch korrektem Leben oder auf der anderen Seite vom Ökologismus. Es wird also Zeit, sich einmal Gedanken zu machen, was Ökologie eigentlich ist. Dabei merkt man recht schnell, dass es zwei verschiedene Herangehensweisen gibt, einmal über die Naturwissenschaft, und einmal über die Philosophie.

Beginnen wir erst einmal mit dem, was das Wort wirklich bedeutet. Wikipedia schreibt dazu:

„Die Ökologie (griechisch οἶκος oikos ‚Haus‘, ‚Haushalt‘ und λόγος logos ‚Lehre‘; also ‚Lehre vom Haushalt‘) ist diejenige Teildisziplin der Biologie, welche die Beziehungen zwischen Lebewesen untereinander und mit ihrer unbelebten Umwelt erforscht."

Das soll hierzu erst einmal genügen und

mit der Feststellung schließen, dass die Ökologie ein recht junges Teilgebiet der Biologie
darstellt. Erst seit den sechziger Jahren des
vorigen Jahrhunderts wird Ökologie auch als
eine die Ressourcen und die intakte Umwelt
schonender nachhaltiger Umgang mit der Natur, sowie als Beschreibung für eine naturna-
he Lebensführung verstanden, wie es in einem weiteren Wikipediabeitrag heißt. Dort ist
auch folgende Darstellung zu finden, die ich
hier etwas ausführlicher zitieren möchte:

*„Da die Menschen zwar an eine biologi-
sche Umwelt gebunden sind, diese aber
ungewollt oder bewusst gestaltend verändern, trugen auch politische Intentionen
dazu bei, den Begriff Ökologie generell in
umweltpolitischen Zusammenhängen zu
verwenden. Die Ökologie wurde innerhalb
kurzer Zeit zur „Leitwissenschaft" dieser
Ökologiebewegung. Indem das Wort Ökologie aber Eingang in die tägliche Umgangssprache fand, veränderte sich sein
Bedeutungsinhalt. Die ursprünglich
neutrale Naturwissenschaft wurde positiv
besetzt, so dass ökologisch zum Teil
gleichbedeutend mit umweltverträglich,
sauber, rücksichtsvoll oder auch mit gut*

bzw. richtig verwendet wird. Auch die Kurzform „Öko" in Kombination mit Bezeichnungen, die mit ökologischen Wirtschaftsformen in Verbindung zu bringen sind, setzt sich verstärkt durch: z. B. Ökobauer (geht über Biobauer hinaus), Ökostadt, Ökosiedlung, Ökoenergie oder Ökostrom, Ökomode, „ökofair" (ökologisch angebaut und fair gehandelt). Auch wenn einiges davon unter Marketinggesichtspunkten initiiert wurde, dokumentiert dies das Vordringen des Nachhaltigkeitsprinzips in den Lebensalltag."

Der Autor dieser Zeilen sagt etwas sehr Wichtiges, nämlich, dass ursprünglich neutrale Wissenschaft mit einem wertenden Attribut versehen wurde, hier positiv mit richtig und gut dargestellt. Wertungen dieser Art entstammen aber nicht der Naturwissenschaft, sondern haben einen kulturellen oder philosophischen Hintergrund. Wenn wir also heute von Ökologie sprechen, dann müssen wir uns klar sein, von welcher Art von Ökologie die Rede ist. Von der ursprünglich naturwissenschaftlichen oder von der wertenden moralischen Sichtweise? Bei letzterer rückt die Rolle des Menschen in den Mittelpunkt oder wie Anfangs des Zitates steht: „Da die Menschen zwar an eine biologische Umwelt gebunden sind, diese aber ungewollt oder bewusst gestaltend verändern, … ." Wie soll dies mit gut und schlecht, oder richtig und falsch beurteilt werden? Was ist das Primat, die unberührte Natur, eine ohne Menschen, oder die Bedürfnisse der Menschen?

Diese Fragen sind älter, als es den Begriff Ökologie überhaupt gibt und es helfen auch solche Begriffe wie Nachhaltigkeit nicht weiter, denn so oder so, der Mensch greift in die Natur ein. Doch ist nicht der Mensch auch Natur oder hat er sich von dieser gelöst und wendet sich ihr wieder zu um sie zu erobern. Gibt es also einen Gegensatz Mensch vs. Natur? Und kann man sich der Ökologie dann überhaupt ohne humanophobe Hintergedanken nähern?

In einem Arte-Beitrag werden diese Probleme besprochen und versucht eine Lösung aus diesem Konflikt aufzuzeigen, welche mich, um das vornweg zu nehmen, nicht befriedigt.[1]

Am Anfang steht ein Zitat von Jean-Jacques Rousseau: „Alles ist gut, wenn es aus den Händen des Schöpfers kommt; alles entartet unter den Händen des Menschen." Dieser Satz ist insofern bedeutsam, da sich diese

Denkweise in der philosophischen, besser moralischen, Ökologie wiederfindet. Interessant auch der kreationistische Schöpfungsgedanke, der sich aber von den monotheistischen Religionen insofern abgrenzt, als er den Menschen als Schädling betrachtet.

Als Gegenpart zu diesen Vorstellungen wird Francis Bacon präsentiert: „Nun beruht aber die Herrschaft des Menschen über die Dinge nur auf den Künsten und Wissenschaften, man kann der Natur nur gebieten, wenn man ihr gehorcht." Und tatsächlich, bei Bacon kommt die Wissenschaft wieder mehr zum Zug. Der Natur zu gehorchen, heißt vor allem, sie zu verstehen. Um die Natur zum eigenen Vorteil nutzen zu können, muss man sie studieren. Genau darauf baut die Naturwissenschaft Ökologie auf, alles was dann wertend hineininterpretiert wird nicht mehr.

Wie man es dreht und wendet, die Rolle des Menschen in der Natur ist nirgendwo geklärt und es prallen völlig gegensätzliche Vorstellungen aufeinander. Zum einen die Linie von Rousseau bis zum Club of Rome und den heutigen Vorstellungen derer, die wir gerne als dem Ökologismus zugehörig bezeichnen. Sie gehen grundsätzlich davon aus, dass das Wirken der Menschen auf die Umwelt so gering wie nur irgend möglich sein sollte, die Veränderungen, die der Mensch hervorruft, negativ sind, weshalb man sie auch humanophobe Ökologisten nennen kann. Auf der anderen Seite haben wir die Linie von Bacon zur naturwissenschaftlichen Ökologie, die auch davon ausgehen, dass der Mensch seine Umwelt verändert, dies aber als normalen Vorgang betrachten, da der Mensch auch Natur ist, somit sein Wirken der Natur entspricht. Dies setzt voraus, dass man die Geheimnisse der Natur ergründet, ihre Prinzipien und Gesetzmäßigkeiten versteht, sie dann aber auch entsprechend zu nutzen ist. Dies entspricht so in etwa dem, was in der Geschichte der Menschheit immer getan wurde.

- - - - -

1   Ökologie - Catherine Larrère im Gespräch mit Raphaël Enthoven. Eine Sendung aus der Arte-Reihe ›Philosophie‹. Erstausstrahlung 15.01.2012.
„Die französische Philosophin Catherine Larrère entwirft eine Umweltphilosophie, die die Gegensätze von Humanismus und Naturalismus überwindet und auf einen „sinnvollen Gebrauch der Natur" abzielt." (Text: arte)

Video der Sendung bei Youtube.
<https://www.youtube.com/watch?v=yyB-Myv4hEtI>

Die Mäuse von Tschernobyl

In ›Novo-Argumente‹ wurde von Thilo Spahl vom ›Hormesis-Effekt‹ bei ionisierender Strahlung gesprochen. Dieser Effekt wird in Wikipedia so beschrieben:[1]

> „(griech.: ‚Anregung, Anstoß‘, engl.: adaptive response) ist die schon von Paracelsus formulierte Hypothese, dass geringe Dosen schädlicher oder giftiger Substanzen eine positive Wirkung auf den Organismus haben können. Sie wird heute in der Definition weiter gefasst. Bei medizinisch wirksamen Substanzen ist ein solcher dosisabhängiger Umkehreffekt gut nachweisbar (z. B. Digitalis, Colchicin oder Opium). Bei einer Reihe anderer Verbindungen und der Wirkung von radioaktiver Strahlung wird die Hypothese in Fachkreisen sehr kontrovers diskutiert.“

Thilo Spahl geht in seinem Beitrag davon aus, dass es diesen Effekt auch bei der Radioaktivität gibt. Verschiedene Beobachtungen und Erfahrungen lassen ebenfalls darauf schließen, dass da was dran ist. So wird zum Beispiel die brasilianische Küstenstadt Guarapari als ›Stadt der Gesundheit‹ bezeichnet, obwohl, oder gerade weil, hier eine natürliche Strahlung von im Mittel 87mSv vorkommt. Stellenweise sogar ein Vielfaches dieses Wertes.[2] Übertroffen wird dies noch von der iranischen Stadt Ramsar, mit einer jährlichen effektiven Dosis von ca. 200 mSv. Zur Verdeutlichung, um welche Höhe es sich hier handelt, die deutsche Strahlenschutzverordnung schreibt vor:

„Für Personen, die anzeigebedürftige Arbeiten ausüben, beträgt der Grenzwert der effektiven Dosis 20 Millisievert im Kalenderjahr."[3]

In Deutschland liegt die effektive Dosis durch natürliche Quellen zwischen ein bis fünf Millisievert pro Jahr.

Dass geringe Mengen radioaktiver Strahlung gesundheitsfördernd sind, wird ja schon länger vermutet, ja dass diese sogar gegen Krebs wirksam ist.[4] Dieses möchte man nun genauer wissen und in einem neuen Forschungsprojekt unter Federführung der GSI Helmholtzzentrum für Schwerionenforschung

GmbH in Darmstadt sollen die entzündungshemmende, therapeutische Wirkung und die Risiken einer Radontherapie untersucht werden.[5] Dafür soll eine Radon-Kammer gebaut werden, um Zellstrukturen einer Radon-Strahlung auszusetzen.

Tatsächlich gibt es schon ein riesiges Freiluftlabor, in dem die Auswirkungen von ionisierender Strahlung auf lebende Organismen studiert werden kann. Und zwar die Sperrzone um Tschernobyl. Hier mussten die Menschen ihre Heimat verlassen und die Sperrzone wird auch gerne als Todeszone bezeichnet. Um so verwunderlicher ist es, dass Arte einen Beitrag, mit dem Titel: ›Tschernobyl – Die Natur kehrt zurück‹, brachte.[6] Und tatsächlich, in der Todeszone existiert eine überaus reichhaltige und gesunde Flora und Fauna. Es empfiehlt sich diesen Film in ganzer Länge anzuschauen, ich will mich hier allerdings in der Beschreibung nur auf einen Aspekt beschränken: auf die Mäuse von Tschernobyl.

Diese sind zwar selbst radioaktiv, erfreuen sich aber bester Gesundheit. Selbst eine Studie von Robert J. Baker von der Texas Tech Universitiy, die es immerhin aufs Titelblatt von Nature geschafft hatte und in der fälschlicherweise festgestellt wurde, dass es zu einer ungewöhnlich hohen Mutationsrate bei Mäusen gekommen war, wurde nach wenigen Wochen zurückgezogen. Baker hatte sein Labor mit einem neuen Sequenzierungsgerät ausgestattet und wiederholte die Genanalyse. Das Resultat war vernichtend: alles falsch! Die berühmten Tschernobylmäuse waren gar keine Mutanten, sie waren ganz normal. Was das Team für Mutationen gehalten hatte, waren in Wirklichkeit natürliche genetische Variationen, die nichts mit der Strahlung zu tun hatten. Zitat Baker:

„Im Augenblick sieht es wohl eher danach aus, dass es den Tieren nicht nur gut geht, sondern dass ihr Genom tatsächlich unverändert ist."

Das Untersuchungsgebiet war zur tückischen Falle für die Wissenschaftler geworden, denn natürlich ist hier die Versuchung groß, alles Ungewöhnliche auf die Strahlung zurückzuführen. Eine verständliche Schlussfolgerung und man muss es Baker und seinem Team hoch anrechnen, dass sie sofort als sie ihren Irrtum entdeckten, dies auch öffentlich machten und nicht zu vertuschen versuchten.

Mit was ist nun aber der sehr gute Gesundheitszustand der Mäuse zu erklären. Zugvögel zeigten nämlich einige genetische Schäden und Missbildungen. Was ist es, was die Mäuse schützt, Schwalben aber scheinbar nicht haben? Die Antwort brachte wiederum ein Versuch mit Mäusen. Labormäuse wurden im ›Roten Wald‹, einer besonders stark strahlenden Zone im Sperrgebiet um Tschernobyl, mehrere Wochen in Freigehegen der dortigen Strahlung ausgesetzt; eine Kontrollgruppe in nicht kontaminierten Gebiet. Danach wurden die Tiere im Labor einer kurzzeitigen Bestrahlung von 1,5 Gray ausgesetzt. Das Ergebnis war verblüffend. Bei der Kontrollgruppe traten tatsächlich die Schäden auf die bei einer derartigen Strahlung vermutet werden, nicht allerdings bei den Mäusen die vorher einer geringeren radioaktiven Strahlung ausgesetzt waren. Offensichtlich wurde das Immunsystem durch die vorhergehende geringe Bestrahlung so aktiviert, dass die Mäuse auch stärkere Strahlung gut verkraften konnten.

Und man fand auch die Erklärung dafür. Antioxidantien spielen die entscheidende Rolle bei der Abwehr des Körpers gegen radioaktive Strahlung. Freie Radikale, die durch das Aufspalten von Molekülen entstehen, werden durch die Antioxidantien unschädlich gemacht bevor sie die Chromosomen schädigen können. Genau diese Antioxidantien sind aber bei Zugvögeln, nach der kräftezehrenden Reise von Afrika weitestgehend verbraucht, und somit können die Vögel auch nicht den Schutz aufbauen, wie dies bei Tieren geschieht, die sich nicht dermaßen verausgaben müssen. Zur Erinnerung, wir haben es im Sperrgebiet um Tschernobyl mit dem Tausendfachen der natürlichen radioaktiven Strahlung zu tun, teilweise noch ein Vielfaches darüber. Dennoch nimmt die Mehrzahl der Tiere keinen Schaden, es wird nicht einmal eine erhöhte Krebs- oder Mutationsrate festgestellt.

Beim oben beschriebenen Versuch mit den Labormäusen wurde noch eine Besonderheit festgestellt. Es gab keine Erhöhung der Aktivität der Reparaturgene, dafür aber größere Aktivität bei den Genen die für den programmierten Zelltod verantwortlich sind. Offensichtlich funktionierte der körpereigene Mechanismus zur gezielten Entfernung stark beschädigter Zellen bei diesen Tieren besser, als bei den Mäusen die im Vorfeld keiner Strahlung ausgesetzt wurden.

Der Versuch zeigte noch mehr, nämlich, dass vorzeitige schwache Strahlendosen die

Mäuse nicht nur gegen starke Radioaktivität
schützen, sondern auch gegen andere schädliche Einflüsse. Das Immunsystem der Tiere,
die einer permanenten schwachen Strahlung
ausgesetzt sind, reagiert schneller auf schädliche Umwelteinflüsse. Allen voran auf chemi-
sche Gifte.

Selbstverständlich gehen die Forschungen
in der Sperrzone von Tschernobyl weiter und
der derzeitige Wissensstand ist noch kein
Endergebnis, doch soviel scheint sicher, der
Hormesis-Effekt bei Radioaktivität existiert.

Nun geht es darum herauszufinden, wo bei
welchen Organismen der Schwellenwert liegt
und möglicherweise eröffnen sich hier noch
Möglichkeiten für die Medizin, vor allem in
der Krebsvorsorge oder zur Minderung von
Nebenwirkungen von Strahlen- und Chemo-
therapien.

Thilo Spahl schrieb:

*„Würde nun einer diese Darstellung [...]
aufnehmen und behaupten, Zehntausende
von Betroffenen in der Umgebung des
Kraftwerks Fukushima könnten mitunter
gesundheitlich von der freigesetzten
Strahlung profitieren, dann wäre das so
unerhört, dass sogar ich womöglich einen*

*Impuls verspüren würde, ihn als Verharm-
loser zu betrachten."*

Nun, momentan sieht es so aus, als ob der Verharmloser in Wirklichkeit Realist ist. Die Leute von Guarapari hatten wahrscheinlich sehr recht, als sie ihrem Ort den Beinahmen ›Stadt der Gesundheit‹ gaben.

- - - - -

1   Es ist in der Natur nicht unüblich, dass Substanzen in niedriger Konzentration keine negative oder sogar eine positive, mitunter lebensnotwendige Wirkung haben, die ab einem gewissen Grenzwert ins Negative umschlägt und dann erst mit wachsender Dosierung immer schädlicher wird.
[Thilo Spahl in NovoArgumente: Atomangst? Nein danke!] <https://www.novo-argumente.com/artikel/atomangst_nein_danke>

2   Guarapari ist eine brasilianische Küstenstadt im Bundesstaat Espírito Santo mit rund 100.000 Einwohnern auf einer Fläche von 592 km². Guarapari ist als Badeort und als Reiseziel für Taucher bekannt. Im Stadtbezirk befindet sich das Naturreservat Setiba, welches für die lokale Schildkröten- und Vogelpo-

pulation wichtig ist. [...] Dem Aufenthalt an den radioaktiven Stränden wird eine heilende Wirkung nachgesagt.
[Wikipedia: Guarapari]
<https://de.wikipedia.org/wiki/Guarapari>

3   Verordnung über den Schutz vor Schäden durch ionisierende Strahlen (Strahlenschutzverordnung - StrlSchV) vom 20. Juli 2001 (BGBl. I 2001, Nr. 38, S. 1714, BGBl. I 2002, Nr. 27, S. 1459), zuletzt geändert durch Artikel 5 Absatz 7 des Gesetzes vom 24. Februar 2012 (BGBl.I 2012, Nr. 10, S. 212). Hier § 95(5), Seite 36.
[Handbuch Reaktorsicherheit und Strahlenschutz] <http://www.bfs.de/DE/bfs/gesetze-regelungen/rsh/rsh-bfe.html>

4   Hier wird auch auf eine Besonderheit hingewiesen: "Befürworter verweisen darauf, dass im südlichen Indien (Kerala), wo die natürliche Strahlendosis mindestens vierfach höher ist als in Deutschland, die Krebsinzidenz geringer sei."
[Wikipedia: Radonbalneologie, Therapeutik und Wirkweise]
<https://de.wikipedia.org/wiki/Radonbalneologie#Therapeutik_und_Wirkweise>

5   Das Bundesministerium für Bildung und Forschung fördert das Forschungsprojekt Grewis

(Genetische Risiken und entzündungshemmende Wirkung von ionisierender Strahlung)
mit drei Millionen Euro in den nächsten drei-
einhalb Jahren. Forschungspartner von GSI
sind die Technische Universität Darmstadt,
die Universitäten Frankfurt und Erlangen sowie das Bundesamt für Strahlenschutz.
[Wie und warum wirkt eine Radontherapie?]
<https://www.innovations-report.de/html/be-
richte/medizin-gesundheit/wirkt-radonthera-
pie-191235.html>

6   24 Jahre nach dem Reaktorunglück von
Tschernobyl scheint es, als habe die Natur
das verstrahlte Land wieder zurückerobert.
Flora und Fauna sprießen im Sperrgebiet, das
die Bevölkerung noch immer nicht betreten
darf. Besonders erwähnenswert ist außerdem, dass dieser Bericht aus dem Jahr 2010
erst jetzt in Arte-Deutschland gezeigt wurde.
[Arte: "Tschernobyl - Die Natur kehrt zurück"]
<http://programm.ard.de/TV/Programm/Alle-
Sender/?sendung=287248350793683>
[youtube: Die Mäuse von Tschernobyl]
<https://www.youtube.com/watch?
v=XpvtgWrsJMo>

Anthropozän und Technium

Zwei Begriffe welche die gleiche Zeit beschreiben, ab dem Punkt an dem sich der Mensch mittels Technik die Natur und seine Umwelt zu Diensten macht. Nein, eigentlich mehr noch, als der Mensch begann, sich in nennenswertem Umfang von den Launen der Natur zu befreien, etwa ab der industriellen Revolution. Der erste Begriff, Anthropozän, wurde von Paul Crutzen geprägt und wird vor allem dann verwendet, wenn der schädliche Einfluss des Menschen auf die Natur und die Geosysteme beschrieben wird.[1] Der zweite Begriff, Technium, geht auf Kevin Kelly zurück, der damit die Entwicklung und Weiterentwicklung von Technik als einen evolutionären Prozess beschreibt, welcher vom Menschen nur bedingt geplant und gelenkt werden kann.[2] In Novo-Argumente geht Thilo Spahl auf die Vorstellungen Kellys ein und beschreibt ein überaus positives Bild der Zukunft:[3]

„Wenn wir aufhören, uns die Zukunft als Energiesparvariante der Gegenwart zu

Beide Begriffe erlauben einen Blick in die Zukunft, was vorstellbar ist, wie sich die Menschheit weiter entwickeln wird. Das Anthropozän als warnende und apokalyptische Vision, mit der Mahnung auf Verzicht und Einhalt; und das genaue Gegenteil, das Technium als evolutionärer Prozess in eine Zukunft mit mehr Möglichkeiten für die Menschheit.

Heute, so scheint es, haben die Vorstellungen Crutzens eine breite Anhängerschaft gefunden und müssen als gesellschaftliche Hauptströmung betrachtet werden. Zumindest wenn man die Zeitung aufschlägt oder Fernsehen schaut. Lediglich im Internet finden sich in nennenswertem Umfang Meinungen die dem widersprechen. So wundert es auch nicht sonderlich, dass gerade die Netzgemeinde den Begriff Technium sehr offen angenommen hat, Vorstellungen über eine technische Evolution, als Wesen der Technik, die vom Menschen eben nicht kontrolliert werden kann, finden hier breiten Zuspruch.[4] Das führt uns zu der Frage, wie diese beiden ge-

gensätzlichen Vorstellungen vereinigt werden können, ob es so etwas wie einen goldenen Mittelweg gibt, der beiden Seiten gerecht wird? Wohl kaum! Hier ist nun die Versuchung groß in fatalistischer Manier diesen dualistischen Zustand als etwas zu akzeptieren, welches seit jeher die Menschheit begleitet. Mal setzt sich das eine durch, mal das andere.

Wenn man sich mit dieser Antwort nicht zufriedengibt, dann ist es hilfreich zu betrachten, wie denn diese, sich gegenseitig ausschließenden, Zukunftsvorstellungen auf Menschen, auf die Gesellschaften wirken. Wo werden welche Erklärungen und Ideen aufgenommen und wo werden sie abgelehnt? Auch hier wirken verschiedene Kräfte und die Oberhand wird die Vision bekommen, welche sich am breitesten in der Gesellschaft verankert. Diese ist nämlich keine homogene Masse, sondern in eine Vielzahl von Teilbereichen gegliedert, die mal mehr, mal weniger miteinander in Abhängigkeit stehen. Dieses miteinander Wirken ist auch so etwas wie ein evolutionärer Prozess. Neue Möglichkeiten werden ausgelotet, Technik eingegliedert, aus philosophischen Betrachtungen Handlungsweisen entwickelt und vieles mehr. Dieser stetige

Wandel kennzeichnet jede Gesellschaft. Werden neue Entwicklungen schnell aufgenommen, so befinden sich diese Gesellschaften im Vorteil gegenüber denjenigen in welchen eher Bewahrungskräfte wirken.

Zum Wesen der Evolution, so wie wir sie von der Natur kennen, gehört auch der Tod. Fehlentwicklungen sind nicht überlebensfähig, genauso wenig wie Organismen die eine mangelnde Anpassungsfähigkeit auf eine sich verändernde Umwelt oder neue Konkurrenten kennzeichnen. Das trifft natürlich auch auf Gesellschaften zu und es gibt eine Vielzahl von Theorien darüber, welche Ursachen der soziale, oder gesellschaftliche, Wandel hat, beziehungsweise, warum Wandel oder Anpassungen nicht geschehen. Auf alle einzugehen, würde den Rahmen hier sprengen. Deshalb möchte ich wieder zur Anfangsfrage kommen, welches Zukunftsszenario ist wahrscheinlicher – das des Anthropozäns des Herrn Crutzen, oder das Technium nach Kelly.

Um Zukunftsszenarien besser nach ihrer Wahrscheinlichkeit einordnen zu können, ist es notwendig zu erkennen, welche Kräfte in der Vergangenheit wirksam waren, und ob dies mit der Theorie der Evolution von Gesellschaften vereinbar ist. Schon lange vor Kelly wurde erkannt, dass Innovationen und wie diese angenommen werden, eine wesentliche Ursache für Veränderungen war. Die wohl verständlichste Erklärung stammt von William F. Ogburn und wird als Cultural Lag oder kulturelle Phasenverschiebung bezeichnet.[5] Kernaussage ist, das neue Innovationen innerhalb einer Kultur in die Gesellschaft integriert werden müssen und dass dies zu Spannungen führen kann, weil alte Strukturen aufbrechen, wobei gleichzeitig neue Möglichkeiten entstehen. Diese Innovationen können sowohl technologisch, als auch ideologisch sein. Ogburn ist allerdings der Meinung, dass in unserer modernen westlichen Kultur die Technik das vorauseilende Kulturgebiet ist, während die übrige Kultur nachhinkt. Das hat selbst Aurelio Peccei, einer der Gründer des "Club of Rome" erkannt, betont aber, in typisch alarmistischer und zukunftspessimistischer Weise, die Gefahren die daraus erwachsen.[6] Und damit steht er nicht allein, fast die gesamte Gilde der Soziologen und nicht wenige Historiker entdecken in der determinierenden Kraft von Innovation und Technik mehr Gefahren als Vorteile. Auch in der Bevölkerung gibt es von je her Vorbehalte gegenüber Technik und Innovation. So wurde schon 1819 in der

Kölnischen Zeitung dargelegt, warum Gass-
traßenbeleuchtung abzulehnen ist.[7]

In einer Seminararbeit von Martin Wettstein werden die Teilbereiche der menschlichen Gesellschaft oder Kultur in zwei Dimensionen dargestellt: Die Technologie und den
Zeremonialismus.[8] Als bremsende Faktoren
werden Ritual, Gewohnheit, Idealisierung des
Status Quo oder der Vergangenheit und die
Nähe zu rituellen Teilbereichen genannt. Hier
wird klar, wo das wirkliche Problem liegt: in
der Trägheit der Gesellschaft. Nochmal Wettstein: „Je stärker ein Teilbereich auf die Technologie fixiert ist, desto eher werden Innovationen gemacht oder integriert. Je mehr ein
Teilbereich auf Zeremonialismus fixiert ist,
desto langsamer werden Innovationen angenommen. Die Extrempositionen werden dabei
durch Ingenieurberufe und Forschung auf der
einen, und religiöse Institutionen auf der anderen Seite gebildet." Dies ist natürlich durch
die Kürze der Darstellung sehr vereinfacht,
aber wenn wir uns die Anhänger und Freunde
von quasi religiösen Nachhaltigkeitsvorstellungen ansehen, so bekommen wir ein voll-
ständigeres Bild.

Nun werden die Liebhaber der Nachhaltigkeit hier einwenden, dass sie ja auch für Inno-

vationen eintreten, aber eben nur für solche, die ethisch in ihrem Sinne vertretbar sind. Damit wäre aber der ganze Denkansatz, wonach sich Gesellschaften, und auch die Technik, durch evolutionäres Wirken weiter entwickeln, abzulehnen und durch kreationistische Vorstellungen zu ersetzen. Innovation nach Plan, sozusagen. Für Kelly, und viele andere auch, ist dies nicht darstellbar und ein Wunschbild. Evolution wirkt eben nicht so, wie sich die Anhänger eines ›Intelligent Design‹ es sich vorstellen. Technik hat eine Eigendynamik. Werner Heisenberg hat dies schon 1957 in Bezug auf die Technik mit den Worten formuliert:

„erscheint ... die Technik fast nicht mehr als das Produkt bewusster menschlicher Bemühungen und die Ausbreitung der materiellen Macht, sondern eher als ein biologischer Vorgang im Großen, bei dem die im menschlichen Organismus angelegten Strukturen in immer weiterem Maße auf die Umwelt des Menschen übertragen werden; ein biologischer Vorgang also, der eben als solcher der Kontrolle durch den Menschen entzogen ist."[9]

Hier könnten noch viele verschiedene Stellungnahmen und Überlegungen aufgezählt werden, die meisten gehen davon aus, dass die Technik ein evolutionärer Prozess ist, nur die Schlüsse, die daraus gezogen werden, sind unterschiedlich. Die einen möchten diesen Prozess nutzen, jene Komponenten für sich heraussuchen, die sie möchten, oder solche, die die Gesellschaft mehrheitlich möchte. Wobei das Individuum ebenfalls noch die Wahl hat und nicht an Mehrheitsmeinungen gebunden ist. Andere wollen in diesen evolutionären Prozess eingreifen und schon das Entstehen neuer Technik verhindern, und wenn das nicht geht, dann wenigstens die Anwendung. Wie dies gehen soll, beschreibt Arnold Gehlen:

„Der Zusammenhang von Wissenschaft, technischer Anwendung und industrieller Auswertung bildet längst auch eine Superstruktur, die selbst automatisiert und ethisch völlig indifferent ist. Eine durchgreifende Änderung ist fast nur so vorstellbar, dass sie an den extremsten Enden angreift: beim Wissenwollen, dem Anfangspunkt, oder beim Konsumierenwollen, dem Endpunkt des Prozesses. In bei-

Das schrieb er 1957, und diese neue Epoche der Askese ist bereits angebrochen, und zwar in Gestalt von kreationistischen Nachhaltigkeitsvorstellungen.

Aber lässt sich durch diese Askese überhaupt eine Entwicklung, die ja geradezu biologischen Charakter hat, aufhalten. Kann man Forschungen und Neugier verbieten – sicher nicht. Genauso wenig wie die Umsetzung von Erkenntnissen daraus in Technik im globalen Maßstab. Für die eigene Gesellschaft mag dies vorübergehend schon machbar sein, doch sollte man sich bewusst sein, dass dies anderswo nicht geschieht und man somit ins Hintertreffen gerät. Mehr noch, da Teile der Gesellschaft Innovationen integrieren möchte, die die andere Teile ablehnen, führt dies zu Krisen welche die Stabilität der gesamten Gesellschaft gefährdet (Ogburn). In diesem Stadium kann nur eine Innovation helfen, welche die Kultur wieder zu stabilisieren vermag. Sollte dies nicht geschehen, so kommt es zum Zerfall oder einer Übernahme durch ein stärkeres Gesellschaftsmodell oder eine stabilere

Kultur (Wettstein). Mit einfacheren Worten: Die Kultur einer Askese schadet und destabilisiert die Gesellschaft, was letztlich zu deren Untergang oder Marginalisierung führt.

Wenn sich die Gesellschaft mehrheitlich von den apokalyptischen Vorstellungen eines Anthropozän im Sinne Paul Crutzens leiten lässt, verbunden mit einer Kultur der Askese, wird sie der Evolution zum Opfer fallen. Neue aufstrebende Staaten, oder Regionen, werden an die Stelle derer treten, die dereinst mit der industriellen Revolution etwas begonnen haben, was die Menschheit in eine unzweifelhaft bessere Lage versetzt hatte. Lebensstandard, Lebenserwartung wurden erhöht und hat uns in eine Lage gebracht, in der wir Herausforderungen und Bedrohungen nicht mehr fatalistisch entgegensehen müssen, sondern diese selbst in Hand nehmen und lösen können. Wissenschaft und Technik bringen gemeinsam Innovationen hervor, die die Möglichkeiten der Menschheit im Ganzen, sowie die des Individuums im Einzelnen, erweitern. Darauf zu verzichten ist selbstmörderisch und töricht.

Wir haben die Wahl zwischen Anthropozän und Technium. Nein nicht mal das, das Technium wird kommen, die Frage ist nur, ob unsere Gesellschaft bei dem Versuch das Techni-

um zu verhindern vor die Hunde geht, oder
sich eines besseren besinnt.

- - - - -

1   Wikipedia nennt als Schöpfer dieses Begriffes
den italienischen Geologen Antonio Stoppani.
Heute wird für Anthropozän, in der
politischen Debatte, hauptsächlich die von
Paul Crutzen geprägte Interpretation verwen-
det.
[Klimawandel-Wiki: Anthropozän]
<http://wiki.bildungsserver.de/klimawandel/
index.php/Anthropoz%C3%A4n>
[Wikipedia: Antonio_Stoppani]
<http://de.wikipedia.org/wiki/
Antonio_Stoppani>

2   „Das Technium, so wie ich es verstehe, ist
nicht nur die Gesamtheit aller Technik, sondern auch tief in unsere Kultur verwoben. Es
umfasst nahezu alles, was wir mit unserem
Geist geschaffen haben, Geräte, Infrastruktur,
Straßen, Elektrizität, aber auch Alltagsgegen-
stände wie Bücherregale und Staubsauger.
Dies alles ist mehr als nur die Summe seiner
Teile – nahezu jede neue Erfindung baut auf
früheren auf und ist auch systemisch ver-
netzt: Maschinen können nicht ohne elektri-

sche Nervenbahnen kommunizieren, für Elektrizität müssen wir Kohle verbrennen oder Uranbrennstäbe verwenden; für Sollarzellen müssen seltene Metalle geschürft werden. Keine Fabrik funktioniert ohne Warenkreislauf, rollende LKWs und Güterwaggons. So greift immer eins ins andere, und in der Gesamtheit bilden all diese Beziehungen eine Art Über-Organis-mus oder Ökosystem, innerhalb dessen sich die ganzen Einzeltechnologien bedingen, unterstützen und in Gang halten."

[screen.tv n.08: „Ich bin kein Utopist" Wired-Gründer Kevin Kelly im Interview]

<https://www.yumpu.com/de/document/view/26145522/aich-bin-kein-utopista-wired-gra-1-4-nder-kevin-kelly-im-interview>

3   Thilo Spahl: Auf ins Technium! Erschienen in Novo-Argumente #114 , 2012, Frankfurt am Main.

<https://www.novo-argumente.com/artikel/auf_ins_technium>

4   „Und mit dieser simplen Verkehrung der Perspektive ergibt sich ein Modell der Erklärung der digitalen Welt, das ähnlich wie das Bild von "Natur" kaum in gut oder schlecht geordnet werden kann - sondern eben als Teil einer übergeordneten Entwicklung. Be-trachtet

man das Internet nach dem genialen Orga-
nismusmodell des Technium, lassen sich die
Argumen-te beider Seiten sehr viel einfacher
nachvollziehen. "
[S.P.O.N. Sascha Lobo: Das Technium]
<http://www.spiegel.de/netzwelt/web/s-p-o-n-
die-mensch-maschine-das-technium-a-
766074.html>

5 „According to Ogburn, cultural lag is a com-
mon societal phenomenon due to the tenden-
cy of material culture to evolve and change
rapidly and voluminously while non-material
culture tends to resist change and remain fi-
xed for a far longer period of time. Due to the
opposing nature of these two aspects of culture, adaptation of new technology becomes
rather difficult. This distinction between material and non-material culture is also a con-
tribution of Ogburn's 1922 work on social
change."
[Wikipedia: Cultural lag]
<http://en.wikipedia.org/wiki/Cultural_lag>

6 Aurelio Peccei betonte, dass das Zurückleiben
der geistigen hinter der technischen Entwicklung die eigentliche Gefahr für das Überleben
der Menschheit sei.
[Johan Hendirik Jacob van der Pot, Die Be-
wertung des Technischen Fotschritts, 1985,

Van Gorcum & Comp. B.V. Postfach 43, 9400 AA Assen, Niederlande, S. 798.]

7 „Jede Straßenbeleuchtung ist verwerflich. Aus einem Artikel der Kölnischen Zeitung vom 28. März 1819 ge-gen die Einführung der Straßenbeleuchtung mit Gas:
1. Aus theologischen Gründen: weil sie als Eingriff in die Ordnung Gottes erscheint. Nach dieser ist die Na-cht zur Finsternis ein-gesetzt, die nur zu gewissen Zei-ten vom Mondlicht unterbrochen wird. Dagegen dür-fen wir uns nicht auflehnen, den Weltplan nicht hof-meistern, die Nacht nicht zum Tage machen wollen. "
[Stadtarchiv-Heilbronn: Jede Straßenbeleuchtung ist verwerflich]
<https://stadtarchiv.heilbronn.de/stadtge-schichte/unterrichts material/neuzeit/strom-energie/materialien.html>

8 „Die Geschwindigkeit, mit der ein Teilbereich der Gesellschaft eine Innovation adaptieren und integrieren kann, hängt von verschiede-nen Faktoren ab und kann sich stark unter-scheiden. Die Nähe zu einem technologischen oder wissenschaftlichen Teilbereich beschleu-nigt dabei die Geschwindigkeit der Integrati-on, während Ritual, Gewohnheit, Idealisie-rung des Status Quo oder der Vergangenheit

und die Nähe zu rituellenTeilbereichen sie
verlangsamt (vgl. Glade 1952: 431). Vereinfacht kann davon ausge-gangen werden,
dass sich die Teilbereiche der mensch-lichen
Gesellschaft oder Kultur in zwei Dimensionen
erstrecken: Die Technologie und den Zeremo-
nialis-mus."
[academia.edu: Kulturelle Evolution und Cultural Lag auf dem Prüfstand]
<https://www.academia.edu/229501/
Kulturelle_Evolution_und_Cultural_Lag_
auf_dem_Prufstand>

9   Johan Hendirik Jacob van der Pot, Die Bewer-
tung des technischen Fortschritts, S. 736.

10   Johan Hendirik Jacob van der Pot, Die Bewer-
tung des technischen Fortschritts, S. 736.

Zwangsbewirtschaftungen und die Energiewende

Aus der Kriegswirtschaft zur Zeit des Ersten und Zweiten Weltkrieges kennt man einige Verfahren, die zur Herstellung von Ersatz-Gütern oder Ersatz-Rohstoffen verwendet wurden, weil aufgrund der besonderen Situation im Krieg nicht genügend für alles zur Verfügung stand. Man versuchte Ersatz, Substitute, zu schaffen. Und wo das nicht ging, musste man eben verzichten, vor allem im zivilen Leben; die Bedürfnisse des militärischen Sektors hatte Vorrang. Ressourcen wurden alloziert, zugewiesen, verteilt. Man spricht in diesem Zusammenhang auch von Ressourcenallokation, die nicht nur in Zeiten der Krise oder des Krieges notwendig ist, sondern allgegenwärtig.[1]

Im Normalfall sorgen Marktmechanismen für die Verteilung. Eine Ressourcenproblematik entsteht erst durch politische oder militärische Konflikte, da unter diesen Umständen davon ausgegangen wird, dass die Marktwirtschaft versagt. Konflikte oder Krisen erzeugen

Knappheiten, die im Zuge der Knappheitsbewältigung wieder neue Konflikte hervorrufen. In einem Tagungsbericht vom 49. Historikertag in Mainz heißt es dazu:[2]

> *In der Folge lassen ihre Lösungsversuche wiederum neue Konfliktfelder entstehen, und zwar sowohl dort, wo sie (scheinbar) erfolgreich waren als auch dort, wo das Versprechen einer Aufhebung der Ressourcenproblematik uneingelöst blieb.*

Es zeigte sich, dass Wirtschaft und Gesellschaft unterschiedlich auf die Kriege vorbereitet wurden. Im Ersten Weltkrieg hat es praktisch keine Strategie gegeben, um knappe Güter und Ressourcen durch andere ersetzen zu können. Die technikwissenschaftliche Forschung sei erst nach Kriegsbeginn zur Entwicklung von Ersatzstoffen mobilisiert worden, für eine Umsetzung in die Praxis fehlte die Zeit und die Ressourcen um praktikable Lösungen zu entwickeln. Im Zweiten Weltkrieg gelang die Umstellung ein wenig besser, da schon vor Kriegsbeginn im Rahmen eines Vierjahresplanes mit der gezielten Forschung von Ersatzstoffen begonnen wurde und es dadurch eine Reihe von Produkten gab, die es bis zur Alltagstauglichkeit schafften. Als die kriegsbedingte Zwangsbewirtschaftung beendet wurde, konnten sich aber nur die wenigsten dieser Innovationen behaupten. In der Friedenswirtschaft erwiesen sie sich als unpraktikabel.

Am Beispiel der Siemens-Schuckertwerke führte Günther Luxbacher auf dem Historikertag aus, das nur zehn Prozent der Ersatzstoffprojekte auch als in der Friedenswirtschaft verwendungsfähig eingestuft worden seien.

Ein ganz ähnliches Bild zeige die Ersatzstoffwirtschaft des Zweiten Weltkrieges, auch wenn die Materialforschung zu diesem Zeitpunkt bereits weiter entwickelt gewesen und die Umstellung in der Bewirtschaftung mit größerem Vorlauf erfolgt sei.

Heute haben wir zwar keinen Krieg, doch eine Krise rund um Ressourcen schon. Nehmen wir als Beispiel die fossilen Brennstoffe, die zwar nicht knapp sind, es in absehbarer Zeit auch nicht werden, aber dennoch alloziert werden sollen. Als Grund wird die angenommene Aufnahmefähigkeitsgrenze der Ressource Atmosphäre genannt. Mit den Mitteln der Zwangsbewirtschaftung sollen die Voraussetzungen geschaffen werden diese angenommene Knappheit überwinden zu können. Ob diese Knappheit eine reelle ist oder nur eine angenommene, spielt bei dieser Betrachtung hier keine Rolle.

Zwangsbewirtschaftung kennen wir natürlich auch in Friedenszeiten, vor allem aus der sozialistischen Plan- oder Zentralwirtschaft, bei der der Preismechanismus als Knappheitsindikator außer Kraft gesetzt wurde, was sich aber nur sehr bedingt innerhalb des Systems durchsetzten ließ, und nur dort. Auf weltwirtschaftlicher Ebene mussten sich diese aus diesem System hervorgehenden Produkte dem marktwirtschaftlichen Preismechanismus stellen. In diesem Wettstreit wurde klar, was wir auch am Beispiel der Kriegsbewirtschaftung sehen, dass nur ein sehr geringer Anteil der entwickelten Lösungen marktfähig waren und nach Zusammenbruch des Systems kaum noch eine Rolle spielten.[3] Wahrscheinlich war der Anteil der verwendungsfähigen Produkte und Innovationen auch nur so um die zehn Prozent, wie oben angeführt.

Zwangsbewirtschaftung, das zeigen die Erfahrungen aus der Vergangenheit, führen also nicht in nennenswertem Umfang zu Innovationen, Produkten oder Substituten, welche sich am Markt behaupten können. Nur in abgeschotteten Wirtschaftsbereichen, wie sie im

Krieg oder in der Planwirtschaft entstehen, können sie sich behaupten und tragen nur sehr selten zur Lösung von Problemen bei. Vielmehr entstehen bei diesen Problemlösungsversuchen neue Probleme welche die Wettbewerbsfähigkeit der gesamten Volkswirtschaft in Mitleidenschaft ziehen. Vor allem am Beispiel ›Zweiter Weltkrieg‹ wird aber ein Aspekt deutlich, dessen positive Auswirkungen oftmals fehlgedeutet werden. Zum Ende des Krieges hatte „die durch die von NS-Deutschland forcierte Ersatzstoffforschung zur Folge, dass die deutsche Metallforschung eine internationale Spitzenstellung inne hatte."[4] Diesen positiven Wissensvorsprung konnte man aber erst nutzen, als die Zwangsbewirtschaftung nicht mehr wirksam war.[5]

Kommen wir nun zur Energiewende, welche ihrem Wesen nach ebenfalls eine Zwangsbewirtschaftung darstellt. Grundannahme ist, dass die Ressource Atmosphäre an die Grenzen ihrer Aufnahmefähigkeit gekommen ist, oder demnächst kommt. Ob diese Annahme stimmt oder nicht, ist erst mal egal, wie weiter oben schon angeführt ist. Da dieses Argument als wahr oder wahrscheinlich angenommen wird, genügt es als Begründung. Die Frage ist allerdings, was will man mit dem

Konzept der Energiewende erreichen. Klimaschutz, so man ihn als notwendig erachtet, ist nur im globalen Maßstab möglich, also muss es andere Gründe geben, die aber bislang eher wenig in der Öffentlichkeit angesprochen wurden. Der gewichtigste ist, dass Techniken zur Marktreife gebracht werden sollen und von denen erhofft wird, dass diese ein großer Exporterfolg werden. So berichtet Peter Heller im Science-Skeptical-Blog von einem Vortrag Klaus Töpfers am 17. Oktober 2012:[6]

> *Man habe sich schlicht eine Welt vor Augen geführt, in der bald neun Milliarden Menschen leben. Neun Milliarden mit einem wachsenden Energiehunger. Dann habe man sich gefragt, welche Technologien denn Deutschland exportieren könne, um diesen Bedarf zu stillen. Und die Kernenergie habe man eben ausgeschlossen. Sie sei für ein Entwicklungsland schlicht zu teuer und zu kompliziert.*
> *[...]*
> *Nein, die Energiewende ist eigentlich ein Auftrag an die deutsche Industrie, die Technologien zu entwickeln, an deren zukünftiges weltweites Wachstum die Politik*

glaubt.

Öffentlich wird oft einer gewünschten Vorreiterrolle Deutschlands gesprochen, nur die Deutschen könnten zeigen, wie es geht. Oder: ›Wenn es Deutschland nicht schafft, dann schafft es niemand‹. Was auch heißen könnte: ›Wenn wir es schaffen haben wir einen erheblichen Vorteil und Vorsprung auf den Weltmärkten‹.

Ins gleiche Horn blies auch Umweltminister Altmaier in einer Rede bei der Jungen Union Waldhessen, die gemeinsam mit der Firma Kirchner Solar Group (!), eingeladen hatte.[7] Auch er geht, wie Töpfer, davon aus, dass der Energiehunger der Weltbevölkerung steigt und man in Zukunft nicht mehr in der Lage sein wird, diesen mit fossilen Energien zu stillen und da die Kernkraft zu unsicher sei, müsse man diese Bedürfnisse der aufstrebenden Nationen mit sogenannten Erneuerbaren Energien stillen.

„Wenn wir es klug anstellen", so meint Altmaier, „wird die dafür notwendige Technik in Deutschland produziert und exportiert werden." Und weiter: „Wir haben uns aus Eigeninteresse dafür entschieden die Kernkraftwerke nicht durch konventionelle Kraftwerke zu ersetzen."

Wenn wir das unterschiedliche Publikum berücksichtigen, vor dem diese Reden gehalten wurden, dann sind die Gemeinsamkeiten in den Argumentationen schon verblüffend. Klimaschutz, Ressourcenproblematik – alles kalter Kaffee. In Wirklichkeit geht es darum sich bestmöglich im internationalen Wettbewerb zu positionieren, von dem man glaubt zu wissen, wie er denn in der Zukunft aussieht.

Das ist einer der Hauptfehler bei diesem Denkansatz. Ein weiterer ist, vorzugaukeln, der Staat wüsste welche Technologien und Möglichkeiten in Zukunft vorhanden sind.

Ich bin nach der Rede Altmaiers ein wenig irritiert, weil mir nicht klar ist, was er eigentlich so richtig meint. Innerhalb weniger Minuten bringt er gleich zwei Beispiele, die sich aber in ihrer Logik widersprechen. Er sagt zum einen, man müsse vorsichtig mit Masterplänen sein, man könne nicht alles im Voraus regeln. Als Beispiel beschrieb er die Handys etwa um 1993 als:

„Groß wie Brikett, schwer wie ein Brikett und dumm wie ein Brikett."

Wenn man damals einen Masterplan entwickelt hätte, wie denn Handys für Jahr 2012 auszusehen hätten, nämlich:

„Halb so groß wie ein Brikett, halb so schwer wie ein Brikett und halb so dumm wie Brikett",

dann hätten wir heute nicht das was diese kleinen Dinger zu leisten imstande sind. Mit diesem Beispiel hat er sehr Recht, um aber umgekehrt zu argumentieren, dass es auch für eine alte Frau es sich lohnen würde, ihr Häuschen energetisch zu sanieren, statt ihr Geld zu vererben. Die Erben würden ja von der Investition profitieren und so auch Geld sparen.

Die alte Frau handelt klug, wenn sie sagt, dass so wie es jetzt ist, für sie in Ordnung ist und dafür lieber das Geld vererbt, als ein energetisch saniertes Häuschen. Einfach weil sie nicht weiß welche Bedürfnisse unsere Nachkommen haben, und vor allem nicht, welche Möglichkeiten. Altmaier bevormundet mit seinem Vorschlag sowohl die gegenwärtige Generation, als auch die künftige. Die Entwicklung des Handys konnte ja auch nicht vorhergesehen werden, wie er anschaulich verdeutlichte. Aber heute weiß man natürlich was richtig ist. Welch eine Anmaßung.

Dieses beanspruchte Zukunftswissen ist auch solch ein Aspekt, der immer wieder in den Argumentationen der Liebhaber der sogenannten ›Erneuerbaren‹ vorkommt. Weshalb auch so allergisch reagiert wird, wenn von einem Komplettumbau oder Abschaffung des EEG die Rede ist.

Mit besonderen Argwohn wird nun Richtung Brüssel geschaut, denn die EU will Leitlinien für die EEG-Förderung einführen lassen. [8] Wirtschaftsminister Philipp Rösler (FDP) kommentierte dies so:

> *„Ein funktionierender Energiebinnenmarkt ist von entscheidender Bedeutung für eine zukunftsfähige Energieversorgung in Europa. Deshalb müssen Wettbewerbsverzerrungen durch konsequente Anwendung der Binnenmarktregeln und Wettbewerbsvorschriften abgebaut werden. Dabei begrüße ich, dass sich die Kommission mit den Themen Versorgungssicherheit und Erneuerbare Energien befassen will, da wir für ein wirtschaftlich starkes Europa auch in diesen Bereichen ein markt- und wettbewerbsorientiertes Umfeld brauchen. ...“*

Dies würde aber ein Ende der Zwangsbewirtschaftung nach derzeitigen Stil bedeuten. Wenn die ›Erneuerbaren‹ sich dem offenen Wettbewerb stellen müssen, sind sie tot. Alles was im Rahmen dieses EEG geschehen ist, war nur unter dieser Zwangsbewirtschaftung möglich. So wie das im Krieg oder im Einflussbereich der ehemaligen Sowjetunion üblich war. Was von diesen Produkten und Technologien übrig blieb, nachdem die Rahmenbedingungen sich geändert hatten, sieht man heute. Vielleicht 10 %, so jedenfalls auf dem Historikertag in Mainz genannt.

Es wird höchste Zeit zu erkennen, dass Zwangsbewirtschaftung nicht nur kaum etwas zur weiteren Entwicklung von Technologie, Produkten oder zur besseren Ressourcennutzung beiträgt, sondern auch noch dabei die Wirtschaftsbereiche schädigt, die nicht direkt von dieser Zwangsbewirtschaftung betroffen sind.

- - - - -

1   Ressourcenallokation ist die Zuordnung und Verteilung knapper Ressourcen wie Arbeit, Kapital, Boden und Rohstoffen zur Produktion von Gütern. Von der Frage der Allokation zu

unterscheiden ist die Frage der Verteilung
(Distribution) der produzierten Güter auf Indi-
viduen oder gesellschaftliche Gruppen.
[Wikipedia: Ressourcenallokation]
<https://de.wikipedia.org/wiki/
Ressourcenallokation>

2   Deutlich wurde aber, dass die Lösung von
Ressourcenkonflikten nicht nur historische,
sondern aktuelle Dimensionen besitzt, die zu-
künftige interdisziplinäre Forschungen als attraktiv erscheinen lassen.
[HT 2012: Ersatzstoffwirtschaft als innovative
Lösungen für Ressourcenkonflikte im Ersten
und Zweiten Weltkrieg?]
<http://www.hsozkult.de/conferencereport/id/
tagungsberichte-4480>

3   Wenn heute der Marktanteil der ›Ostproduk-
te‹ betrachtet wird, so täuscht dieser Anteil
darüber hinweg, dass viele dieser Produkte
nur noch den Markennahmen haben, aber im
Prinzip nichts mehr gemeinsam mit dem ur-
sprünlichen Produkt haben.
[Die Zeit: Ost-Produkte verlieren den DDR-
Bonus]
<http://blog.zeit.de/ost/2012/10/22/ost-pro-
dukte-verlieren-den-ddr-bonus/>
[Welt.de: Diese Ostmarken haben sich im
Westen behauptet]

<http://www.welt.de/wirtschaft/article10028896/Diese-Ostmarken-haben-sich-im-Westen-behauptet.html>

4   So unternahm HELMUT MAIER (Bochum) einen Vergleich der Ersatzstoffentwicklung der beiden Weltkriege am Beispiel von Zink. Als Ersatz für knappen Kupfer habe Zink in beiden Weltkriegen eine Verlängerung der Rohstoffdecke ermöglicht. Anfängliche Schwierigkeiten in der Anwendung hätten durch die technikwissenschaftliche Forschung gelöst werden können.
[HT 2012: Ersatzstoffwirtschaft als innovative Lösungen für Ressourcenkonflikte im Ersten und Zweiten Weltkrieg?]
<http://www.hsozkult.de/conferencereport/id/tagungsberichte-4480>

5   In der Bundesrepublik Deutschland generierte in den 1950er Jahren der Wiederaufbau das „Wirtschaftswunder". Namentlich hinterließ es einen tiefen und bleibenden positiven Eindruck, dass ab dem Montag nach der Währungsreform die Zwangsbewirtschaftung, ein Überbleibsel aus dem Zweiten Weltkrieg, praktisch aufgehoben wurde und Industrie und Einzelhandel sich vorbereitet hatten: Die Läden waren auf einmal voll.
[Wikipedia: Nachkriegszeit nach dem Zweiten

Weltkrieg in Deutschland]
<https://de.wikipedia.org/wiki/Nachkriegs-
zeit_nach_dem_Zweiten_Weltkrieg_in_Deutsch
land>

6   Das ist, was Klaus Töpfer unter der Energiewende versteht. Nachhaltigkeitsideologie?
Klimaschutz? Atomangst? Alles irgendwie dabei, aber eben nicht so wichtig. Nein, die
Energiewende ist eigentlich ein Auftrag an
die deutsche Industrie, die Technologien zu
entwickeln, an deren zukünftiges weltweites
Wachstum die Politik glaubt. Diese Töpfer-
Wende bestimmte den Hauptteil seines Vortrages.
[Peter Heller: Die Töpfer-Wende]
<http://www.science-skeptical.de/energieer-
zeugung/die-topfer-wende/008760/>

7   Am 13.11.2012 besuchte Peter Altmaier die Kirchner Solar Group in Alheim-
Heinebach. Thema: Chancen und Herausforderungen der Energiewende in
Deutschland. Die Rede wurde per Vi-
deostream im Netz übertragen und ist
nun bei Youtube zu sehen.
[Youtube: Bundesumweltminister Peter
Altmaier zu Besuch in Waldhessen]
<https://youtu.be/A__tB3YBxdY>

8   Er soll auf europäischer und nationaler

Ebene den Verbrauchern die Nutzung der Vorteile, die aus der Energiemarktliberalisierung resultieren, weiter erleichtern. Zudem soll der Ausbau der Energieinfrastruktur beschleunigt und die Versorgungssicherheit durch europäische Regelungen gewährleistet werden. Die Kommission kündigte für 2013 an, Leitlinien zu einer Reform von Fördermechanismen und zur Förderung Erneuerbarer Energien vorzulegen.
[iwr.de: EU will 2013 Leitlinien für Reform bei EE-Förderung vorlegen]
<http://www.iwr.de/news.php?id=22450>

Weltbilderuntergänge

Wir leben in Zeiten der Katastrophen- oder Untergangerwartung, nichts bleibt wie es ist, es droht ein Weltgericht welches uns, die Menschen, dafür bestraft nicht nach den Regeln dieser Welt gehandelt zu haben. Die Vorzeichen fürs drohende Unglück erkannte schon Immanuel Kant in ›Das Ende der Dinge‹:

> „Überhandnehmende Ungerechtigkeit, Unterdrückung der Armen durch übermäßige Schwelgerei der Reichen, allgemeiner Verlust von Treu und Glauben, Konflikte und Kriege an allen Erdenden, moralischer Verfall und der schnellen Zunahme aller Laster und den sie begleitenden Übeln, ungewöhnliche Naturveränderungen, Erdbeben, Stürme und Überschwemmungen, Kometen, Luftzeichen."

Eine Ordnung wurde gestört, die Auswirkungen bekommt man zu spüren. Ordnungen haben Regeln, oder Gesetze, nach denen man sich richten muss, oder die gar unumstößlich gelten.

Doch welche Regeln sind es überhaupt, welche die Menschheit übertreten haben soll. Dies zu bestimmen ist nicht so einfach, eine Welt gibt es nämlich nicht, sie entsteht nur in unserem Kopf durch unser Wissen, oder unserem Glauben. Dementsprechend unterschiedlich sind die Weltbilder.

Wissen und Glauben erklären uns aber nur die ablaufenden Prozesse wie die Wechselwirkung zwischen den Lebewesen untereinander, zwischen Materie und den Lebewesen und letztlich auch, Materie und Lebewesen in ihrem Verhältnis zu Gott oder der Religion. Es werden Prozesse erklärt, beschrieben, und bestimmt wie diese Prozesse abzulaufen haben, sodass die allgemeine Ordnung erkannt und nicht gestört wird.

Ein Jeder ist in diese Prozesse eingebunden, die naturwissenschaftlich oder religiös begründet werden können. Aus den jeweiligen Begründungen erwachsen die Regeln, die Ordnung und das Weltbild. Ganz bewusst verzichte ich hier auf eine Unterscheidung zwischen religiösem oder naturwissenschaftlichen Denkansatz, weil die Konsequenz die sich aus der Beschreibung der Ordnungen ergibt, nämlich die der Strafe des Weltuntergangs, bei beiden die gleiche ist. Werden Regeln nicht eingehalten so führt dies zur Krise, zur Bestrafung, zum Untergang.

Damit aber fällt demjenigen der uns die Welt erklärt, die Rolle zu, die Regeln zu bestimmen die eingehalten werden müssen. Jedes Verhalten, jede Entscheidung wird auf Kompatibilität mit dem gezeichneten Weltbild überprüft. Der Erklärer erhält damit eine Machtfülle, die alle anderen zu Statisten degradiert und deren hauptsächliche Aufgabe es nun ist, innerhalb des beschriebenen Systems zu funktionieren. Ein Bild vom Ameisenvolk drängt sich auf; die Bewegungen jeder einzelnen Ameise sind festgelegt durch ihre Aufgabe und Bestimmung.

Wer die Welt versucht zu beschreiben, erzählt in Wirklichkeit nur von seinem Weltbild und in diesem Bild sind die Prozesse die Figuren im Vordergrund. Da aber nicht alle Prozesse bekannt sind, viele auch unterschiedlich gedeutet werden, gibt es auch kein allgemeingültiges Weltbild. In einem Satz: Die Welt gibt es nicht, es sind viele Welten, so viele wie es Menschen gibt. Das unterscheidet uns von der Ameise, die hat keine Kenntnis von einer Welt und deren Regeln und Ordnungen, sie hat zu funktionieren, ein demokratischer Prozess ist im Ameisenstaat undenkbar.

Wenn wir das Bild vom Ameisenstaat auf das des gesamten Ökosystems, so wie es die Ökologisten verstehen, übertragen, dann wird deutlich, dass auch hier jeder einzelne eine Rolle hat, die klar definiert ist. Der Ablauf von Prozessen, so wie sie definiert werden, darf nicht gestört werden, weil sonst das gesamte Ordnungssystem, sprich Weltbild, in sich gefährdet ist. Besonders deutlich wird dies beim Thema Nachhaltigkeit. Dieses Weltbild besteht praktisch nur noch aus Prozessen. Die Prozesse ergeben die Ordnung und an die Regeln dieser Ordnung hat sich jeder zu halten. Wie die Ameise in ihrem Staat.

Dass dies nicht funktioniert, nicht mit Menschen die eine eigene Vorstellung von ihrer Umwelt haben, somit auch ein jeweils eigenes Weltbild, in dem völlig andere Prozesse determinierend sind, ist auch den Liebhabern der Nachhaltigkeit oder den Ökologisten völlig klar. Pluralismus der Weltbilder ist bei denen nicht vorgesehen, ja bereits die Existenz alternativer Weltbilder wird als Störung betrachtet. Auch hier zeigt sich die Problematik mit Weltbildern, die einen Wahrheitsanspruch universeller Art haben. Diese unterscheiden zwischen wahr und unwahr, sind somit Ge-

genentwürfe zu jeglichem Pluralismus. Da es aber diese unterschiedlichen Weltbilder gibt, nach denen die Menschen auch handeln, ist für die Vertreter der Nachhaltigkeit bereits der Regelbruch eingetreten, der unweigerlich zur Krise, oder, zum Untergang führen muss. Es sind genau die gleichen Mechanismen wie sie in religiösen Untergangszenarien beschrieben werden. Die Sintflut kam, weil sich die Menschen nicht mehr an Gottes Ordnung hielten, und heute droht der Untergang, weil wir nicht nachhaltig leben.

Hier ist nun viel von Prozessen im Allgemeinen gesprochen worden und warum diese eine so große Rolle in den Weltbildern haben. Zwänge, Regeln, Notwendigkeiten, alle jeweils gut begründet, bestimmen die Narrative. Doch stimmen diese überhaupt und was fehlt ganz offensichtlich. Welche Rolle spielt hier überhaupt noch der Mensch mit seinen Fähigkeiten seine Umwelt zu erkennen und zu gestalten. Was bedeutet hier noch das Wort Freiheit, oder die Individualität eines jeden einzeln Menschen. Die Fähigkeit Träume, Wünsche, Chancen bewusst wahrnehmen oder wahr werden zu lassen. Alle diese Aspekte sind völlig ausgeblendet und doch sind sie es, die einen Menschen erst zum Menschen machen. Ein Weltbild, welches diese Seiten der Menschen beinhaltet, wird die Notwendigkeiten die sich aus den Ordnungen der religiösen und säkularen Apokalyptiker ergeben, nicht akzeptieren, sondern erkennen, dass die Notwendigkeiten keine Notwendigkeiten, sondern bestenfalls Hürden sind, die es zu überwinden gilt, um einen Horizont zu sehen, einen den man sich selbst vorstellen und gestalten kann.

In all den Bildern der Apokalyptiker, Kataklystiker, Deklinisten, Ökologisten, Keationisten und so weiter, wird der Mensch herab gewürdigt auf das Niveau einer Ameise, die lediglich den gegebenen Notwendigkeiten folgt. Doch Menschen sind anders, nicht wie Ameisen, Menschen können sich ein eigenes Weltbild schaffen. Ganz individuell, mit einer ebenso individuellen Perspektive.[1]

- - - - -

1   Was steckt hinter der Angst vor dem Weltuntergang ? [arte: Weltuntergang - Michaël Foessel bei Raphaël Enthoven] <http://sites.arte.tv/philosophie/de/weltuntergang-michael- foessel-ist-zu-gast-bei-raphael-enthoven-philosophie>

Thorium, billiger als Kohle

Robert Hargraves greift tief in die Alarmistenmottenkiste, als er auf einem Vortrag, am 9. November 2012, vor der ›Thayer School of Engineering at Dartmouth‹ über die Chancen des Thorium-Flüssigsalzrektors spricht.[1] Sämtliche Schreckensszenarien, selbst solche welche den Alarmisten in der Klimadebatte so langsam zu peinlich sind, werden angesprochen. Doch diesen Aspekt seines Vortrages können wir vernachlässigen, es ist nur interessant festzustellen, dass sein hier vorgestelltes Programm für die Entwicklung und Nutzung des Thorium-Flüssigsalzreaktors auch im Interesse der Klimaschützer ist. Nur spricht er aus, was offensichtlich ist: Alle Versuche mittels internationaler oder bilateraler oder nationaler Programme die CO_2-Emissionen zu reduzieren sind gescheitert, und haben auch in Zukunft keine Aussicht auf Erfolg.

Der Schlüssel dazu, also einer Reduzierung von Treibhausgasen, wie ich jetzt einfach mal unkommentiert sage, liegt nicht in Verzicht oder Regulierungen wie Cap & Trade, sondern in der Aussicht Energie bereitzustellen, die billiger als die aus Kohle ist. Und hier sieht er mit den sogenannten ›Erneuerbaren‹ keine Chance. Die sind und bleiben einfach zu teuer, zu unzuverlässig, und es ist nicht abzusehen, ob und wann dies sich ändern könnte. An Kohle kommen die nicht ran, also werden sie ein Spielzeug von eher reichen Ländern bleiben. Ganz anders der LFTR (liquid fluoride thorium reactor), hier rechnet Hargraves mit Herstellungskosten von insgesamt drei Cent pro kWh. Inklusive Kapitalverzinsung etc., gegenüber mehr als fünf Cent bei Kohle. Drei Cent, da werden viele hellhörig, nicht nur die Chinesen, die schon intensiv an der Verwirklichung dieses Konzeptes arbeiten.

Ich will mich hier nicht verzetteln und von den vielen Vorzügen des LFTR sprechen, deren nicht geringster zum Beispiel ist, dass keine langlebigen radioaktiven Abfallprodukte entstehen, überhaupt sind sämtliche Argumente die gegen die Nutzung der Kernkraft im herkömmlichen Sinn stehen, für den LFTR nicht zutreffend. Doch nicht nur fehlen die Nachteile bisheriger Kernkraftwerke, sondern es bieten sich eine Fülle von Möglichkeiten, welche man eher in einer großtechnischen Chemieanlage oder Raffinerie vermuten würde.[2]

China. Wie das Kaninchen auf die Schlange schaut derzeit die Welt auf China und beobachtet, was dort geschieht. Die Chinesen machen es andersherum, die schauen überall nach, ob es etwas gibt, was sie für sich gebrauchen können. Und wenn sie etwas entdecken von dem sie glauben, dass es für sie von großem Nutzen wäre, dann stürzen sie sich darauf, kopieren es, entwickeln es weiter, machen es massentauglich. Ein typisches Verhalten von aufstrebenden Nationen, deren Hauptaugenmerk auf Entwicklung und Fortschritt liegt, und nicht von der Angst vor demselben gekennzeichnet ist, wie dies vor allem in Deutschland weit verbreitet ist.

Und die Chinesen haben den Thorium-Flüssigsalzreaktor für sich entdeckt. Wie ernst es ihnen dabei ist, lässt sich an den Protagonisten des chinesischen LFTR-Programms erkennen. Der Sohn eines früheren Ministerpräsidenten ist dabei und, so Hargave, das Projekt ist mit vielen jungen Wissenschaftler ausgestattet, was auf ein längerfristiges Interesse hindeutet. Dessen ungeachtet geben sie aber auch ordentlich Gas, 2020 soll der LFTR einsatzfähig sein.

In Deutschland lässt man dagegen den Verbraucher bluten und die Industrie leiden, in der vagen Hoffnung eines Tages Technologie verkaufen zu können, die sich aus der Entwicklung der sogenannten Erneuerbaren Energien ergeben. Dass dies so kommt, ist so unwahrscheinlich, dass es geradezu grotesk wirkt.

- - - - -

1   Seminar: Thorium, Energy Cheaper Than Coal. Veröffentlicht am 14.11.2012 Dartmouth's Jones Seminars on Science, Technology, and Society.
<https://youtu.be/SS2JrWa_Wkc>

2   Er [Thorium Reaktor] eignet sich zur Gewinnung von Wärme für die industrielle Produktion ebenso wie für die Herstellung von Radionukliden für medizinische Anwendungen. Und schließlich kann man mit diesem Gerät auch noch vorhandene radioaktive Abfälle aus anderen Kernkraftwerken vernichten.
[Freie Welt: China baut Thorium-Reaktor von Dr. Peter Heller]
<http://www.freiewelt.net/blog/china-baut-thorium-reaktor-4669/>

Wollt Ihr den totalen Ökologismus?

In der Enquete Wachstum des Bundestages stellte der Sachverständige Michael Müller, SPD Politiker und Mitglied diverser Umweltorganisationen infrage, ob die Mechanismen der Industriegesellschaft heute noch Zukunft haben. Ständige Ausdifferenzierungen, Beschleunigungen sowie die Inanspruchnahme von fossilen Lebensgrundlagen, stellt er in ihrer Sinnhaftigkeit infrage. Doch es geht noch weiter, fest verankerte Denktraditionen der Moderne seien nicht mehr haltbar.

Damit ist er nicht allein, selbst so besonnene Menschen wie der Biochemiker Gottfried Schatz sieht in Ausdifferenzierungen, oder Spezialisierung, eine Gefahr für die Naturwissenschaften.[1] Eine Entfremdung zwischen Natur- und Geisteswissenschaften hätte dazu geführt, dass einerseits unsere Erkenntnisse permanent wachsen, doch diese nicht mehr in einem größeren Zusammenhang gesehen werden können und wünscht sich neue Formen der Geisteswissenschaften, die den Naturwissenschaften nach Jahrhunderten der Feindschaft wieder die Hand geben und einen größeren Sinnzusammenhang herstellen. Diese angesprochenen funktionalen Ausdifferenzierungen geschehen allumfassend, zum Beispiel in autonome Gebiete wie Kunst, Wissenschaft, Politik, Wirtschaft, Recht und Religion und kennzeichnen die liberalistische Moderne, wie Max Weber oder Niklas Luhmann, sowie weitere Modernisierungstheoretiker, darin erkannt haben. Dies wäre geradezu die Signatur der Moderne.

Doch nicht nur in Politik und Wissenschaft sind diese Differenzierungen allgegenwärtig. Menschen trennen zwischen Privat und Geschäft, Familie und Einzelperson, persönlichen Überzeugungen und Religion und dergleichen Unterscheidungen mehr – alles Bereiche mit jeweils eigener innerer Logik und Begründungen. Funktionale Ausdifferenzierungen führen zu Vorstellungen von autonomen Lebensbereichen nicht nur in Gesellschaft und Politik, sondern bis rein ins persönliche Selbstbild. Ein Gesamtzusammenhang dieser einzelnen Felder kann immer schwieriger hergestellt werden, weder Religion noch geisteswissenschaftliche Philosophie bilden einen allumfassenden Rahmen oder den Kitt der diese Einzelfelder gesamtgesellschaftlich oder für jeden Einzelnen zusammenhalten.

Dies muss gewissermaßen als Kollateralschaden der Moderne angesehen werden, ganzheitliche Narrative, die uns das Leben, die Welt und den Kosmos erklären, gibt es nicht. So wie jedes einzelne Individuum eine Balance zwischen verschiedenen Anforderungen und Narrativen finden muss, so gilt dies auch für Gesellschaften in jedweder Form. Einen Rückfall in voraufklärerische Zeiten ist ausgeschlossen, Wissenszuwachs und die damit zwangsläufig einhergehende Spezifizierung lassen sich nicht ungeschehen machen. Ein permanenter Aushandlungsprozess entstand und betrifft das Individuum für sich allein ebenso wie Gesellschaften.

An Versuchen ganzheitliche Strukturen zu schaffen hat es nicht gemangelt, Denkmuster und Narrative die alles unter einem übergeordneten Leitbild gruppieren wollten und somit in jedes Einzelgebiet hineinwirken sollten. In gewisser Weise ließe sich damit alles Politische erklären, Aushandlungsprozesse zu steuern und einen gemeinsamen Sinn geben.

Solange dies im Wettstreit um die besten Erklärungen und Lösungen geht und niemand von sich behaupten kann, die Wahrheit gefunden zu haben und eigene Erkenntnisse und Narrative über die der anderen stellt, wird es auch kein Problem für die Freiheit. Diese nämlich, die Freiheit, ist die eigentliche Triebfeder der Moderne und führt letztlich zu eben diesen Ausdifferenzierungen in allen Lebens- und Gesellschaftsbereichen.

Aushandlungsprozesse werden gestoppt, wenn sich Ideologien zu etablieren beginnen. Im weiteren Sinn gehören da auch Religionen dazu, vor allem dann, wenn sie auf einer Unterscheidung zwischen wahr und falsch beruhen. Sämtliche monotheistischen Religionen betrifft dies, ebenso Ideologien wie Kommunismus und Faschismus, um nur die herausragendsten zu nennen. Schon die umgangssprachlichen Begriffe wie ‹wahrer Glaube› oder ‹richtige Einstellung› machen deutlich, dass es eben auch einen falschen Glauben und falsche Einstellungen gibt. Dies führt zur Polarisierung und letztlich zur Feinschaft, was aber im täglichen Leben meist verborgen bleibt. Es werden Verträge geschlossen, auf verschiedenste Weise kommuniziert und kooperiert. Erst im Ernstfall enthüllt sich der wahre Charakter dieses Prinzips, wonach sich die Menschen assoziieren und dissoziieren. So jedenfalls Jan Assmann in einer Vorlesung über Ursprung und Wesen von religiöser Gewalt.[2]

Ideologien müssen nicht zwangsläufig zur Spaltung in Freund und Feind, oder zur Unterscheidung zwischen wahr und falsch führen, da diese auch das Bestreben zur Hegemonie haben. Ausdifferenzierungen, wie sie in einer modernen freiheitlichen Gesellschaft entstehen, werden unter die Hegemonie der Ideologie gestellt. Gerade unter der Ideologie des Ökologismus sind derzeit solche Bestrebungen zu erkennen. Nachhaltigkeit und Klimaschutz sind die Vokabeln die dafür verwendet werden um die ökologistische Ideologie in sämtliche andere Kulturbereiche, in die Wissenschaft und Politik, die Wirtschaft, ja bis ins Private hineinzutragen. So wie in voraufklärerischen Zeiten alle Wissenschaft und Politik mit Gottes Wort, welches wahr ist, in Einklang gebracht werden musste, so ist es heute der Ökologismus der sich als alles bestimmend entwickelt. Sämtliche politischen und wirtschaftlichen Entscheidungen sollen dem Nachhaltigkeitspostulat unterliegen oder dem Klimaschutz, als Oberbegriff dem Ökologismus eben. Ausdifferenzierungen und Aushandlungsprozesse wie sie die Moderne kennzeichnen werden unterdrückt.

Zusammengefasst lässt sich sagen, diese Hegenomiebestrebungen des Ökologismus auf alle Lebensbereiche laufen auf einen Totalitarismus unter dem Deckmantel Ökologismus hinaus. Ein besonders anschauliches Beispiel dafür lieferte unlängst die Meldung, wonach 20 % des EU-Haushaltes für den Klimaschutz bereitgestellt werden. Dies nicht, und das ist hier besonders wichtig, als eigenständiger Posten, sondern in alle wichtigen Ausgabenbereiche integriert. Unzählige weitere Beispiele könnten aufgezählt werden. Der Ökologismus will die in der liberalistischen Modere entstandenen Ausdifferenzierungen in autonome Gebiete überwinden und durch eine totalisierende und hegemonisierende Ideologie ersetzen. Und da der Ernstfall ausgerufen ist, kann es keine Aushandlungsprozesse mehr geben, und zwingt uns zum totalen Ökologismus.

Michael Müller hat recht, mit den Denktraditionen der Moderne ist dies nicht vereinbar.

- - - - -

1   [Quentin Quencher im Science-Skeptical-
     Blog:
     Gottfried Schatz über Wissenschaft, Politik
     und Kultur]

<http://www.scienceskeptical.de/blog/
gottfried-schatz-uber-wissenschaft-politik-
und-kultur/006260/>

2   Prof. Dr. Jan Assmann hat am 12. April 2011
im Rahmen der Ringvorlesung „Religion und
Gewalt" am Exzellenzcluster „Religion und
Politik" gesprochen. Der renommierte
Wissenschaftler beleuchtete die „polarisieren-
de Kraft" von Politik und Religion.
[L.I.S.A: Video: „Zum Ursprung und Wesen
religiöser Gewalt"]
<http://www.lisa.gerda-henkel-
stiftung.de/content.php?nav_id=3953>

Schellnhuber und

der Frosch im Kochtopf

Meldungen der letzten Tage über einen Streit um Besetzung des WBGU (Wissenschaftlicher Beirat der Bundesregierung Globale Umweltveränderungen) zwischen dem Umweltministerium und dem Wirtschaftsministerium, hauptsächlich die Person Hans Joachim Schellnhuber betreffend, ließen die Frage aufkommen, ob eine grundsätzliche Änderung in der Klimaschutzpolitik angestrebt wird. Schellnhuber gilt immerhin als einer der rigorosesten Alarmisten in der Klimawandeldebatte und wird nicht müde daran zu appellieren, dass eigentlich keine Zeit mehr ist mit dem Klimaschutz Ernst zu machen, um das 2 Grad Ziel noch zu erreichen. Doch damit nicht genug, das letzte WBGU-Gutachten fordert eine große Transformation die wiederum aus Sicht vieler Beobachter in der Klimadebatte auf eine Ökodiktatur im globalen Maßstab hinausläuft.

Warum es Bestrebungen gab und gibt Schellnhuber abzulösen, gegenwärtig wird gemeldet, dass das Wirtschaftsministerium seinen Widerstand aufgegeben hätte, kann also zwei Gründe haben. Einmal die offensichtliche Falscheinschätzung der Entwicklung der globalen Klimaveränderungen. Es zeichnet sich immer deutlicher ab, dass es keine katastrophale Erwärmung gibt, genauso wenig wie eine katastrophale Zunahme von Extremwetter verzeichnet werden kann. Der Alarmismus diesbezüglich hat deutlich an Glaubwürdigkeit verloren. Dennoch ist ein Großteil der Wissenschaftler, der Politik und auch der Bevölkerung überzeugt, dass es diese Erwärmung gibt, doch wie stark sie ist, und welche Auswirkungen sie hat, darüber wird nach wie vor gestritten. Ebenso darüber wie groß der Anteil der Menschen, genauer das CO_2, dabei ist. Doch in diese, zum Teil erbittert geführte Debatte, brauchen wir hier nicht einzusteigen. Es genügt festzustellen, dass die Zweifel an den alarmistischen Darstellungen insgesamt gewachsen sind.

Dass diese Zweifel, an der Seriosität von Klimavorhersagen, der Grund sind, warum Schellnhuber aus der Schusslinie genommen werden sollte, ist eher unwahrscheinlich. Vielmehr geht es um die „Große Transformation" die eine Abkehr nicht nur von der Art wie wir wirtschaften fordert, sondern auch demokratische Meinungsfindungsprozesse infrage stellt. Der Begriff Ökodiktatur ist in diesem Zusammenhang eher noch verharmlosend. Hier geht es nicht mehr nur um Gängelungen der Verbraucher und der Wirtschaft, eine ganz neue Machtstruktur soll entstehen die sich nicht mehr auf demokratische Legitimationsverfahren stützen kann, sondern die Vorstellungen eines Rates von selbsternannten Eliten umzusetzen hat.

Wenn man nun aber glaubt, ein derartiges undemokratisches und freiheitsfeindliches Unterfangen wäre der Grund für den Widerstand gegen Schellnhuber und Genossen, macht auf halber Strecke halt. Gerade die Vorgänge die derzeit zur Eurorettung unternommen werden, zeigen doch sehr deutlich, dass die Politik durchaus keine Skrupel hat, wenn es um undemokratische und unlegitimierte Verfahren geht. Wenn es der Sache nützt, die ja immer die gute ist, werden Parlamente ausgebootet und von Bürgerbefragungen wollen wir gar nicht erst reden. Eine Clique von Eingeweihten beschließt, was zu tun ist, die breite Masse oder der gemeine Parlamentarier bleiben außen vor, die wissen ja eh nicht was richtig ist. Gefahr im Verzug lässt

keine breite Diskussion darüber zu, welche
Maßnahmen nun sinnvoll sind oder nicht.

Wir müssen noch kurz beim Euro bleiben,
und betrachten, wie es denn zu der derzeitigen Situation gekommen ist Eigentlich hätte
diese ja aufgrund von No-Bail-Out-Vereinba-
rungen überhaupt nicht eintreten dürfen.
Stück für Stück wurden Positionen geräumt,
die als fest und unveränderlich galten. So wie
die Umstände sich änderten, so änderte sich
auch die Herangehensweise und gipfelte darin, dass Konten von Privatpersonen gepfändet
wurden. Ein Vorgehen, welches am Beginn
der Währungsunion nicht vorstellbar gewesen
wäre und nur deshalb, zähneknirschend zwar,
akzeptiert wurde, weil im Vorfeld eine Position
nach der anderen geräumt wurde. Der Frosch
springt nicht aus dem Kochtopf, wenn man
das Wasser darin langsam erwärmt.

Sind die Schritte nur klein genug, wird der
neue Zustand als keine große Veränderung
gegenüber dem vorherigen empfunden, obwohl, über einen längeren Zeitraum betrachtet, im Zeitraffer sozusagen, die Veränderung gravierend ist. Der Wandel geschieht
langsam, und wird erst dann als solcher erkannt, wenn man die Ausgangssituation mit
der derzeitigen vergleicht. Das betrifft nicht

nur den Euro, dies ist bei fast allen politischen Vorgängen zu sehen. Man denke hier auch an das EEG, welches anfangs für den Stromkunden kaum merkliche Belastungen vorsah.

Nun ist Wandel nicht schlecht, die ganze Welt wandelt sich ständig, ebenso jeder einzelne Mensch. Auf neue Situationen nicht zu reagieren, den Wandel zu ignorieren, kann also auch keine Antwort sein. Dennoch geschehen diese Anpassungen immer gemäß dem Charakter des Subjektes. Naturgesetze geben den Weg vor, ebenso der Charakter und die unveränderlichen Grundwerte des einzelnen Menschen. Letztere müssen nicht klar definiert sein, sondern stellen eher so etwas wie die Seele des Menschen dar. Der Kern dessen was die Person ausmacht. Die Seele gibt vor, wie weit ein Wandel gehen kann, sie ist sozusagen das Grundgesetz des Menschen. Doch auch diese verändert sich, passt sich neuen Umständen an, nur eben so langsam, dass dieser Wandel nur im Rückblick erkennbar wird.

Was hat das alles nun eigentlich mit Schellnhuber zu tun? Nun, es ist die Betrachtung des Wandels, welcher Wandel in welchem Ausmaß akzeptabel ist, ohne mit der

Seele eines Gemeinwesens in Konflikt zu geraten. „Welt im Wandel – Gesellschaftsvertrag für eine Große Transformation" nennt sich das Gutachten des WBGU, über welches so erbittert gestritten wird.[1] Und hier machen Schellnhuber und die seinen den Riesenfehler, jedenfalls aus Sicht der Politik, nämlich darzustellen, wohin die Reise gehen soll: In eine neue Form der Staatlichkeit mit der die durch demokratische Verfahren begründete Blockaden überwunden werden können (Seite 252). Mit Aussagen dieser Art, und das Gutachten ist voll davon, wird aber der Frosch ins heiße Wasser geworfen. Das will der aber nicht und er wird sich wehren. Gleichzeitig kann dieses Szenario von den Gegnern einer totalen Klimaschutz- und Ökologismuspolitik verwendet werden, um eine Gegenpostion zu formulieren, etwas was den Menschen keine Transformation abverlangt, sondern ein Wandel in kleinen Schritten.

Hätte man beispielsweise bei der Einführung des Euro, um nochmal einen Vergleich herzustellen, gesagt, dass dieser Euro ein erster Schritt zur Überwindung des Nationalstaates ist, hin zu den Vereinigten Staaten von Europa, die sich dann im Notfall nicht zu schade sind einzelnen Regionen strikte geradezu diktatorische Maßnahmen aufzuerlegen, gegen die sie sich nicht wehren können, weil demokratische Verfahren keine große Bedeutung mehr haben, so wäre dieser Euro nie eingeführt worden. Aber genau so verhält sich Schellnhuber, er lenkt den Blick auf ein Endziel, welches die meisten als Bedrohung ansehen müssen und die Fähigkeit zum Wandel deutlich überstrapaziert. Damit schafft er keine Akzeptanz für den von ihm angestrebten Wandel, sondern produziert Widerstand.

Ganz anders Joachim Weimann, der als Alternative zu Schellnhuber vom Wirtschaftsministerium vorgeschlagen wurde. Er teilt ebenfalls die alarmistische Grundannahme, wonach ein bedrohlicher menschengemachter Klimawandel im Gange ist, auf den man reagieren müsse. In der Enquete „Wachstum" wurde über ein Gutachten gestritten, welches „best practice" favorisiert und von gesellschaftlichen Transformation nichts wissen will.[2] Statt dessen soll der Herausforderung mithilfe des Marktes begegnet werden. Doch das auch nur vordergründig. Das zentrale Element seiner Vorschläge ist ein konsequent gestalteter und langfristig glaubwürdig angelegter Emissionshandel, der alle Sektoren umfasst und ehrgeizige Klimaziele in einem entsprechend knapp bemessenem CAP ausdrückt.

Weimann beschreibt die nächsten Schritte, solche die vom gegenwärtigen Standpunkt als praktikabel und machbar erscheinen und überfordert nicht die Akzeptanz zum Wandel. Gestaltungsmöglichkeiten und Gestaltungsnotwendigkeiten werden nach praktikablen Lösungen bewertet. Hier eine Gegenposition aufzubauen, darzulegen, warum auch dieser Ansatz falsch ist, erfordert viel größere Anstrengungen und setzt eine intensivere Beschäftigung mit den Grundannahmen des Klimawandels im Speziellen und denen des Ökologismus im Allgemeinen voraus. Während Schellnhuber das große Ziel beschreibt, schaut Weimann auf die nächsten Schritte und macht diese akzeptabel. Wohin dies am Ende führt, muss sich der Betrachter selbst ausmalen, wird also kaum Gegenstand von Disputen sein.

Die Klimaschützer müssten also den Vorschlag, Schellnhuber durch Weimann zu ersetzen, eigentlich unterstützen, wenn es ihnen vordringlich um den Klimaschutz gehen würde. Doch dem ist weit gefehlt, mit der Fokussierung auf die Energiewende, welche als ein Schritt hin zur angestrebten Transformati-

on, zu postdemokratischen und vor allem
postkapitalistischen Gesellschaftsformen
empfunden wird, stehen sie sich selbst im
Weg. Mit Weimann hätten die Klimaschützer
die Möglichkeit den Frosch ins kalte Wasser
zu setzen, um am Ende doch an ihr Ziel zu
kommen. Durch die Personalie Schellnhuber
schaffen die das nie. Mit einem Wandel kommen Menschen klar, vor Transformationen
oder Brüchen schrecken sie zurück, wie der
Frosch vorm heißen Wasser. Schellnhuber ist
mir im WBGU lieber, er kann weniger Schaden anrichten als Weimann.

- - - - -

1   Wissenschaftlicher Beirat der Bundesregie-
     rung, Globale Umweltveränderungen.
     Welt im Wandel. Gesellschaftsvertrag für eine
     Große Transformation.
     <http://www.wbgu.de/hauptgutachten/
     hg-2011-transformation/>
2   Im Prinzip kommt die Studie zu dem Schluss,
     dass unter gegenwärtigen Bedingungen Kli-
     maschutz, hier im Sinne von Verringerung
     von CO_2-Emissionen, nicht möglich ist.
     [Quentin Quencher: Eine Enquete Kommissi-
     on]

<http://www.science-skeptical.de/blog/eine-enquete-kommission/007801/>

Klimawandel, eine Umfrage und der Peinlichkeitsfaktor

Gelegentlich mache ich so kleine Stimmungstests in meiner Umgebung. Heute war die Tankstelle dran, wegen Fronleichnam haben die Läden zu. Und da ich sowieso noch Dopingmittel für den Abend brauchte (Kippen und Schokolade) musste eben die Tanke herhalten. Kurz vorher meldete wetteronline für den Landkreis Esslingen:

Von Nordosten her kommt kräftiger und lang anhaltender Regen auf. Teilweise fällt dieser schauerartig verstärkt. Dabei sind bis Sonntag Früh Niederschlagsmengen zwischen 50 und 70 Liter, in Staulagen auch mehr möglich. Die Dauerregensituation dauert bis Sonntag Früh an und die Warnung wird voraussichtlich verlängert.

Dazu noch 11°Celsius als Maximum, nein, das ist für Ende Mai, ja eigentlich schon Anfang Juni, nicht wirklich berauschend. Doch

damit hatte ich mein Thema: den Klimawandel.

Wie der Zufall so will, gestern noch sah ich
im TV, keine Ahnung welcher Sender, die Wiederholung einer „Tagesschau" von vor 25 Jahren, inklusive Wetterbericht. Das war natürlich zum Heulen, denn vor reichlich zwei De-
kaden war es Ende Mai noch 20° warm, dazu
Sonnenschein. Nicht nur das Wetter war damals besser, auch der Wetterbericht. Kurz und
knapp mit allen wichtigen Informationen,
ohne dieses aufgeregte herumgehopse von
schlecht angezogenen Mädels die mit geradezu spastischen Bewegungen glauben das Wetter erklären zu müssen. Aber zurück zum Thema. Nicht dass ich meine, die unterschiedlichen Temperaturen hätten irgendetwas mit
dem Klimawandel zu tun, wir haben eben bloß
ein richtiges Scheißwetter zurzeit. Der Früh-
ling war ein Reinfall, wenn ich ehrlich bin, es
steckt mir immer noch der Winter in den
Knochen. Und dabei ist das Jahr bald zu Hälfte rum. Kurz und gut, die Umstände sind aus-
gezeichnet um übers Wetter zu sprechen und
nach dem Klimawandel zu fragen.

Bei vergleichbaren dieser privaten Befra-
gungen war das Ergebnis recht frustrierend.
Keiner wollte Auskunft geben, abwertende

Gesten waren als häufigste Reaktion zu vermerken. Oder ein genervtes „ja, ja" als Antwort, was aber, in Verbindung mit der dargebotenen Mimik und Gestik und im Tonfall ein eindeutiges „ach, lass mich bloß mit dem Scheiß in Ruhe" bedeutete. Im übrigen, mal als Zwischenfrage an mich selbst: Wie machen die das eigentlich bei professionellen Umfragen, wird da auch auf Mimik und Gestik geachtet? Das ist wohl schlecht möglich, aber eigentlich sagt doch die Körpersprache meist mehr aus als Worte. Egal, sei es drum, von solchen Umfragen hört man sowieso nur, wenn es demjenigen, der sie bezahlt, in den Kram passt.

Auch meine Umfragen haben natürlich keinen repräsentativen Charakter, heute schon gar nicht, an der Tanke war nur eine Person und die stand an der Kasse, also der Kassierer selbst. Somit war schon von vornherein klar, es wird ein hundertprozentiges Ergebnis geben: Pro, Contra oder Neutral zum Klimawandel. Noch eine Zwischenfrage: Welchen Einfluss hat eigentlich die äußere Erscheinung des Interviewers auf das Ergebnis? Wie hat derjenige ausgesehen, der die Befragung durchgeführt und in welchem Tonfall, mit welcher Körpersprache arbeitet dieser? Hier

müsste ich mich nun selbst beschreiben, aber
da diese Umfrage ja nur eine Person betraf,
denke ich hier darauf verzichten zu können.
Zumal das Bild, welches man von sich selbst
hat, selten objektiv ist.

> *„Das Problem sind hier bei uns nicht die*
> *Temperaturen, sondern dass die Jahres-*
> *zeiten verschwinden, wir haben schon seit*
> *Jahren keinen richtigen Frühling mehr,*
> *der verschwindet ganz.“*

Mit diesen Worten erklärte mir der Tankwart den Klimawandel, erwähnte dann noch
die Ozonschicht, und dass er trotz der Kälte
heute schneller einen Sonnenbrand bekommen würde als früher. Kurz und gut, 100% der
Befragten, es war ja nur einer, gingen davon
aus, dass sich der menschengemachte Klimawandel deutlich zeige. Mit einer etwas kurio-
sen Begründung zwar, aber die müssen wir
natürlich respektieren, bei repräsentativen
Umfragen wird ja auch nicht danach gefragt
wie die Leute zu ihre Meinung kommen. Und
ich wollte den sympathischen Tankwart nicht
belehren, machen andere Interviewer ja auch
nicht. Also war für mich damit die heutige
Umfrage abgeschlossen und ich konnte an die

Auswertung gehen.

Und die brachte Erstaunliches zutage. Es war seit langer Zeit das erste Mal, dass sich jemand so eindeutig geäußert hat. Meist, und in letzter Zeit immer, wurde mir nur signalisiert, dass man dem Thema überdrüssig sei. Eindeutige Stellungnahmen waren die absolute Ausnahme. Doch diese heutige Befragung unterschied sich grundlegend von den vorherigen. Es war nämlich nur eine Person anwesend, niemand sonst hat zugehört. Dieser Umstand hat sicher dazu geführt, dass sonst übliche Hemmungen nicht vorhanden waren. In einer Gemeinschaft, die sich zufällig zusammenfindet, wie in einer Schlange an der Kasse des Supermarktes, oder beim Bäcker, traut sich keiner offen zu sprechen. Jeder hat Angst sich bloß zu stellen, dabei ist auch nicht so von Bedeutung, ob die Befragten nun eher Skeptiker oder Alarmisten sind. Einer Antwort wird ausgewichen.

Nun kenne ich ein derartiges Verhalten noch aus der ehemaligen DDR, auch da war es Usus sich öffentlich besser nicht zu brisanten Themen zu äußern, insbesondere wenn man die Überzeugungen der anderen anwesenden nicht kannte. In Einzelgesprächen, dann wenn etwas Vertrauen zum Gegenüber gebildet werden konnte, wurden die Äußerungen konkreter.

Aber ich will nicht das System DDR mit der amtlichen Klimameinungsdiktatur (nach der neuesten Veröffentlichung aus dem Hause Umweltbundesamt muss man das wohl so nennen) gleich setzen, eine falsche Bemerkung ist heute nicht mehr mit Gefahr für Leib und Leben verbunden, aber dennoch trauen sich die meisten Menschen nicht in der Öffentlichkeit über den Klimawandel zu sprechen. Die Befürchtungen, wonach man sich mit einer falschen Antwort blamieren könnte ist sehr groß, und was wahrscheinlich noch entscheidender ist, den meisten Menschen ist es nicht möglich einzuschätzen, wie die Meinungslage im Allgemeinen ist. Während bei offiziellen Veranstaltungen in der ExDDR in jedem zehnten Satz, oder so, das Wort Sozialismus vorkam, so spielte dieser Begriff im alltäglichen Leben keine Rolle. Wenn ich da eine Diskussion beim Bäcker darüber beginnen wollte, hätte ich genau die gleichen Reaktionen bekommen wie die, die nun beim Thema Klimawandel zu beobachten sind.

Und das ist auch schon das (Zwischen)ergebnis meiner Langzeitbefragung. Ob eine Mehrheit an den menschengemachten Klimawandel glaubt oder nicht, konnte nicht in Erfahrung gebracht werden, lediglich, dass sie zutiefst verunsichert sind, wenn es darum geht das Meinungsklima diesbezüglich einzuschätzen. Den offiziellen Verlautbarungen wird entweder misstraut, oder angenommen, dass die Mehrheit diesen misstraut. Und das steht im krassen Gegensatz zu offiziellen politischen Veranstaltungen, wenn die auch nur entfernt mit dem Thema Umwelt zu tun haben. Da kommt auch in jedem zehnten Satz das Wort Klimaschutz oder Nachhaltigkeit vor. Im täglichen Leben spielt es dann keine Rolle mehr. Hier hat der Klimawandel einen hohen Peinlichkeitsfaktor, egal wohin man tritt, überall werden Fettnäpfchen vermutet.

Nach diesen Erfahrungen wird meine nächste Umfrage ein komplett nonverbale Umfrage sein. Wieder in Geschäften, hauptsächlich Supermärkten. Ich werde den Menschen die mit mir in der Schlange stehen, versuchen in die Augen zu schauen, um festzustellen, ob sie sich für die Waren die sie kaufen eher schämen oder nicht. Der Grad der Verunsicherung wird dann daran gemessen, wie lange der Gegenüber meinem Blick stand hält. Oder, wer packt seine Waren zuerst in die Tasche und bezahlt dann, die die BIO kau-

fen oder die anderen. Oder welche Waren
werden zuerst eingepackt, für den Fall, was
sehr häufig ist, dass sowohl BIO als auch anderes gekauft wurde. Auch hier interessiert
mich der Peinlichkeitsfaktor. Ich würde beispielsweise die gekauften Kondome als Erstes
in der Tasche verschwinden lassen.

Suffizienz oder

Green Economy

„Die soziale Fallhöhe, die wir ins Unermessliche steigern, durch einen konsumistischen und damit auf Wachstum beruhenden Lebensstil, das ist ein weiteres Problem was wir lösen müssen. Das geht nur über einen Rückbau."

Dies sagte im WiWotalk der Wachstumskritiker Niko Paech im Videochat mit Ralf Fücks, Vorstandsmitglied der Heinrich-Böll-Stiftung.[1] Wie dieser Rückbau auszusehen hat, davon hat Paech auch konkrete Vorstellungen, beispielsweise das hier:

„75% der Flughäfen müssten unbedingt still gelegt werden und die Hälfte der Autobahnen. [...] Da ist es viel viel sinnhafter eine fröhliche Wende zur Sesshaftigkeit anzupeilen. "

Hier könnte man nun kalauern, wenn es nicht so traurig wäre, dass die Fallhöhe vom

Pferd oder vom Fahrrad auch nicht so hoch ist, wie aus einem, oder mit einem, Flugzeug. Doch Spaß beiseite, Paech spricht nur deutlich aus wovon auch andere Postwachstumsökonomen überzeugt sind. Nur durch Suffizienz, sprich Wohlstandverluste, werde sich eine drohende ökologische Apokalypse verhindern lassen. Helfen kann hier nur eine neue Genügsamkeit, wer sozial nicht aufsteigen kann, nicht darf, der kann auch nicht so tief fallen. Ein Rückbau der (sozialen) Fallhöhe bedeutet nichts anderes. Doch dass diese fröhliche Sesshaftigkeit, die ja nur stellvertretend für eine allumfassende Genügsamkeit, oder Verzicht wie andere sagen, sich sozusagen durch Überzeugungsarbeit erreichen ließe, daran glaubt Herr Paech offensichtlich selbst nicht und möchte Tatsachen schaffen um die Menschen zu ihrem Glück zu zwingen. Dreiviertel der Flughäfen und die Hälfte der Autobahnen müssen unbedingt still gelegt werden ...

Selbst vielen Grünen geht das zu weit und Ralf Fücks bezeichnete diese Vorstellungen als grünen Morgenthau-Plan, für den man zu Recht niemals eine Akzeptanz in der Bevölkerung finden werde. Von Fücks Vorstellungen einer „Green Economy", und wie weltfremd diese ebenso ist, müssten wir auch sprechen, doch dies ein anders mal. Soviel nur, Peach weist auf die naturzerstörerischen Auswirkungen der Energiewende hin.

„Wir sind jetzt schon dabei die Natur abzuschaffen, wegen der sogenannten Energiewende."

Nun ist dieser Disput nicht nur ein innergrüner, hier zeigt er sich aber in seiner ganzen Widersprüchlichkeit. Die Vorstellungen einer Postwachstumsgesellschaft sind eben bei den Grünen besonders stark vertreten, gleichzeitig aber auch die Propagierung eines „grünen Wachstums". Dass dies nicht zusammengeht, wurde in diesem Gespräch deutlich. Aber beides wird von den Grünen vertreten, obwohl die daraus resultierenden Handlungsnotwendigkeiten völlig konträr sind. Doch dieser Disput wird nicht geführt. Man bleibt lieber ungenau und kann sich das jeweils passende herauspicken. Heute Postwachstum, morgen grünes Wachstum.

Postwachstumsvorstellungen, so wie von Peach vertreten, sind in verschiedenen Umschreibungen aber bereits auf dem Weg in konservative Kreise. Da wird von Maßhalten gesprochen, oder besonders originell, wie von Uwe Schneidewind beim evangelischem Kirchentag, von „Soviel Du brauchst". Viele weitere Beispiele könnten folgen, die alle mit der Umschreibung „grüner Morgenthau-Plan" klassifiziert werden können.[2][3][4]

Die Erwähnung Schneidewinds in diesem Kontext ist kein Zufall, sondern seine Berufung in den WBGU macht auch deutlich, in welchen Netzwerken diese Jünger Morgenthaus aktiv sind.[5] Alle im Bundestag vertretenen Parteien, mit Ausnahme der FDP, sind davon infiziert. Ein in der Enquete „Wachstum" des Bundestages vorgestelltes Papier mit dem Titel ›Ideengeschichte des Fortschritts‹, deren Autoren mit Michael Müller (SPD) und Matthias Zimmer (CDU) angegeben werden, bläst ins gleiche Horn:[6]

„Doch erst mit der Botschaft des Club of Rome wurde die Prognose vom unausweichlichen Ende der menschlichen Zivilisation verbunden. Sie erschütterte die Idee des auf Wachstum reduzierten Fortschritts . Zahlreiche Folgearbeiten mit der Option, das Wechselverhältnis zwischen Mensch und Natur neu zu bestimmen belegen, dass es sehr wohl Möglichkeiten

für ein entschlossenes Umsteuern gibt."

Die Vorstellungen einer „großen Transformation" die in wesentlichen Teilen auch eine Postwachstumsgesellschaft anstrebt, sind in vielen Organisationen, NGOs sowieso, Parteien und in die Wissenschaft diffundiert. Nicht so klar und deutlich wie es Niko Peach beschreibt, sondern eher etwas verschämt als Suffizienz bezeichnet. So antwortete Herr Schneidewind auf eine Behauptung von mir im Enquete-Chat, wonach Suffizienz politisch nicht durchsetzbar ist (und hier bin ich mich mit Herrn Fücks einig) mit den Worten:

> *„Wir haben am Wuppertal Institut ein Papier ‚Suffizienz als Business-Case' veröffentlicht, in dem deutlich wird, dass ein "Langsamer", 'Weniger" heute sogar schon in vielen Produkt- und Dienstleistungssegementen interessante Geschäftschancen birgt, weil sich die Menschen danach zunehmend sehnen. Ich bin daher bzgl. einer "Suffizienzpolitik" optimistischer als Sie."*

Hier ist natürlich der Wunsch Vater des Gedankens, und es beruft sich Schneidewind, wie übrigens auch Peach, immer wieder auf die Glücksforschung.[7] Eine überaus schwache Legitimation.

Niko Peach ist kein Politiker, die ja jede noch so zweifelhafte Maßnahme in ein positives Licht stellen müssen, deshalb kann er aussprechen was es bedeutet, wenn heute von Suffizienz gesprochen wird: „Dreiviertel der Flughäfen und die Hälfte der Autobahnen müssen unbedingt still gelegt werden ... ." Und was alles noch? Wie sieht es aus mit BASF, Daimler, Siemens, VW?

Diese Leute wollen unseren Wohlstand kappen, oder die soziale Fallhöhe durch Rückbau senken, und machen daraus keinen Hehl. Und für diejenigen die das nicht wollen, denen wird das Märchen von der „Green Economy" erzählt. Die darf man sich ungefähr so vorstellen wie unsere Energiewende: Teuer und Nutzlos.

Ich hätte eine Antwort auf diese Leute, die unseren Wohlstand vernichten wollen: „Fröhliche Sesshaftigkeit." Am besten dort wo eben Leute hingehören die vorsätzlich Wohlstand vernichten.

- - - - -

1   WiWo-Streitgespräch vom 06.06.13 mit Niko
     Peach und Ralf Füchs.
     [WiWo: Brauchen wir eine grüne Revolution?]
     <http://www.wiwo.de/technologie/umwelt/the
     menwoche-talk-streitgespraech-brauchen-wir-
     eine-gruene-revolution/8301514.html>

2   Prof. Dr. Uwe Schneidewind, Präsident und
     wissenschaftlicher Geschäftsführer des Wup-
     pertaler Institut für Klima, Umwelt, Energie
     GmbH. Schneidewind ist/war:
     - Sachverständiger der Enquete-Kommission
     "Wachs-tum, Wohlstand, Lebensqualität -
     Wege zu nachhaltigem Wirtschaften und ge-
     sellschaftlichem Fortschritt in der Sozialen
     Marktwirtschaft" des Deutschen Bundestags
     (2011-2013),
     - Vorsitzender der Expertenkommission
     ›Wissenschaft für Nachhaltigkeit‹ des Wissen-
     schaftsministeriums des Landes Baden-Würt-
     temberg (2012-2013),
     - Mitglied des Strategiebeirates der Sozial-
     ökologischen Forschung des BMBF (2007-
     2012),
     - Vorsitzender der niedersächsischen Regie-
     rungskommission Klimaschutz (2008-2012).
     [Kontaktdetails: Prof. Dr. Uwe Schneidewind]
     <http://wupperinst.org/kontakt/details/wi/c/s/
     cd/947/>

3   Rede von Prof. Dr. Schneidewind beim 34.
        ›Deutscher Evangelischer Kirchentag‹, Ham-
        burg am 4. Mai 2013. In dieser Rede erklärt
        Schneidewind, dass Suffizienz als Begriff aus
        der Nachhaltigkeitsdebatte, als Zeichen der
        Zeit gesehen werden müsse.
        [34. EVK, Schneidewind, Prof. Dr. Uwe: Ein-
        führung in die Bibelarbeit]
        <http://www.kirchentag2013.de/presse/doku-
        mente/dateien/VBAB_084_1998.pdf>

4   Peter Heller kommentiert eine Presseerklä-
        rung der CDU/CSU vom 17.01.2013, in der
        die Energiepolitisch-en Vorstellungen der
        GRÜNEN als ‹Morgenthau-Plan für Deutsch-
        land› bezeichnet werden.
        [Science-Skeptial-Blog, Peter Heller:
        CDU/CSU: Grüne verabschieden Morgenthau-
        Plan für Deutschland]
        <http://www.science-
        skeptical.de/blog/cducsu-grune-verab-
        schieden-morgenthau-plan-fur-
        deutschland/009311/>
        [CDU/CSU Fraktion im Deutschen Bundestag:
        Grünes Energiepapier – Morgenthau-Plan für
        Deutschland]
        <https://www.cducsu.de/presse/pressemittei-
        lungen/gruenes-energiepapier-morgenthau-
        plan-fuer-deutschland-0>

5   Der WBGU, Wissenschaftlicher Beirat der
       Bundesregierung Globale Umweltveränderun-
       gen, wurde 1992 im Vorfeld der Konferenz
       der Vereinten Nationen über Umwelt und Ent-
       wicklung („Erdgipfel von Rio") von der
       Bundesregierung als unabhängiges wissen-
       schaftliches Beratergremium eingerichtet.
       [WBGU: Über uns]
       <http://www.wbgu.de/ueber-uns/auftrag/>
       In der Klimazwiebel berichtet Werner Krauss
       über die politischen Streitigkeiten die bei der
       Besetzung des Beirates mit dem Klimafor-
       scher Hans-Joachim Schellnhuber aufgetreten
       sind, und auch, dass die Berufung von Uwe
       Schneidewind zu erheblichen Widerstand vor
       allem der FDP geführt hat.
       [Klimazwiebel, Werner Krauss: Streit um Be-
       setzung des Umweltbeirats der Regierung
       (WBGU)]
       <http://klimazwiebel.blogspot.de/2013/05/str
       eit-um-besetzung-des-umweltbeirats.html>
6   Der von von Michael Müller und Dr. Matthias
       Zimmer verfasste Namensbeitrag ‹Ideenge-
       schichte des Fortschritts› ist im Schlussbe-
       richt der Enquete des Deutschen Bundesta-
       gestages ‹Wachstum, Wohlstand, Lebensqua-
       lität› enthalten (Drucksache 17/13300, ab Sei-
       te 190).

<http://dip21.bundestag.de/dip21/btd/17/133/
1713300.pdf>

7   Gerade von denen die meinen, Suffizienz sei
die einzig wirklich wirksame Methode, um angenommene Probleme der Zukunft zu bewältigen, werden immer wieder Argumente aus
der Glücksforschung bemüht ... .
s.a.: Klaus Töpfer und der König von Bhutan,
Seite 19.

Für mich am Veggie Day:

Gemischter Braten

Es ist schon einige Jahre her, da lud mich ein Bekannter zum Karfreitagsessen ein, dieses wurde von einem Gastwirt veranstaltet, der in Nachbarschaft zu einer katholischen Kirche wohnte und dem das Glockengeläut immer gehörig auf den Geist ging, weil es seine Arbeitszeiten es eben notwendig machten, den Vormittag zu nutzen, um sein Schlafdefizit ein wenig auszugleichen.

Kurz und gut, es gab ›Gemischten Braten‹. Schwein und Rind zusammen mit leckerer Soße, dazu Spätzle, vielleicht auch Salat, aber daran erinnere ich mich nicht mehr. Dieses privat veranstaltete Essen war als Protest gegen die nervige Bimmelei der benachbarten Kirche gedacht. Freilich hatten die Kirchgänger an diesem Karfreitag keine Ahnung von der Veranstaltung, die da ganz in ihrer Nähe stattfand, dennoch gab es uns, den Teilnehmern an diesem Schmaus, das gute Gefühl etwas für unser inneres Gleichgewicht zu tun: „Ha, wenn ihr meint, ihr könnt allgemeinverbindliche Regeln aufstellen und auch noch penetrant mit eurem Gebimmel zu nerven, damit wir diese auch befolgen, dann habt ihr euch getäuscht!"

Eigentlich hatte ich dieses Essen schon aus dem Gedächtnis verloren, wurde mir nun aber durch eine Tweed von Frank Schäffler (FDP) in die Erinnerung zurückgerufen. Er twitterte:

„Habe am Veggie Day ein Schnitzel gegessen. Psst, nicht weitersagen."

Ja genau, das ist die richtige Antwort auf diese unsäglich Kampagne der Körnerfresser sowie der Gesundheits- und Moralapostel. Wenn ihr meint, ihr könnt mir ein Verhalten aufoktroyieren, welches einer Huldigung eurer grünen Religion gleichkommt, dann habt ihr euch aber gewaltig geschnitten.

Da von den Veggie Day Trommlern der Donnerstag als Tag für ihre rituellen Handlungen ausgesucht wurde, so will ich diesen Vorschlag annehmen und von nun an jeden Donnerstag reichlich Fleisch auf den Tisch bringen. Ich bin mir sicher, den Kindern wird es gefallen. Kein Gemüse, keinen Salat, höchstens Schokoladeneiscreme als Nachtisch. Dazu werde ich den Kindern erklären, dass heute Veggie-Day ist, und die Anhänger der grün-ökologistischen Religion heute nur Körner und Gemüse essen dürfen.

Na ja, eine Einschränkung vielleicht. Wenn die Kids tatsächlich kein Fleisch oder keine Wurst essen wollen, dann werde ich sie nicht dazu zwingen, will ja nicht den gleichen Fehler machen, wie die Grünen aller Parteien, die Menschen zu Verhaltensänderungen durch moralisierendes Gefasel oder durch Einschränkung der Wahlmöglichkeiten, ja das fängt beim Essen an, zwingen wollen. Dann gibt es eben Fisch, oder noch besser, wir gehen zu McDonalds.

Harald Welzer

und die Tiefenprägung

Ein bemerkenswerter Disput, über die Frage, ob wir Wachstum bräuchten, fand am 26.09.2013 in Berlin statt. Eingeladen hatte die ›Heinrich Böll Stiftung‹ und die Gäste waren Harald Welzer und Ralf Füchs.[1]

In Berlin trafen sie sich also diesen beiden grünen Vordenker, nur ein paar Tage nach der Bundestagswahl, und sprachen über ihre Vorstellungen einer Gesellschaft ohne, oder mit gesteuerten Wachstum. Vordergründig jedenfalls, eigentlich ging es aber um Weltbilder, bei denen es trotz der scheinbar ansonst unvereinbaren Positionen auch Gemeinsamkeiten gab, welche sich hauptsächlich auf Überzeugungen gründen wie sie beispielsweise in ›The Limits to Growth‹ beschrieben werden. Die Behauptungen aus dieser vom Club of Rome beauftragten Studie, auch dessen Update, gelten hinsichtlich der konkreten Zukunftsbeschreibungen zwar weitestgehend als widerlegt, was aber die Diskutanten nicht daran hindert, von der Richtigkeit des gedanklichen Ansatzes, wonach die Menschheit gewissermaßen ein Schmarotzer der Natur ist, auszugehen.

Welzer meint, unsere moderne Industriegesellschaft hat bei den Menschen eine Tiefenprägung verursacht, wonach wir nur noch fähig sind in den Gegebenheiten dieser Gesellschaft zu denken und spricht sich für ein anderes Kulturmodell aus. Eines was mit dem etwas altmodischen Wort Genügsamkeit noch völlig unzureichend umschrieben wird. Ja, es geht sogar noch bis hin zu Selbsthass, wenn er meint:

„Ich glaube ja, dass wir gar nicht so sein wollen wie wir."

Nach Welzers Vorstellung hat also die Tiefenprägung der modernen Industriegesellschaft beim Menschen bewirkt, dass dieser nicht mehr fähig ist, zu erkennen was er wirklich möchte. Der gedankliche Schritt von derartigen Beschreibungen, hin zur Forderung zur Schaffung eines oder des ›Neuen Menschen‹, ist nicht weit, was auch Ralf Füchs dazu veranlasste, anzumerken, dass die Erfahrungen in der Vergangenheit mit eben dieser Schaffung des ›Neuen Menschen‹ nicht so positiv gewesen wären.

Es wurde aber auch noch konkreter. Füchs, als Befürworter des Grünen Wachstums, meint mit drei Punkten seine Vision einer ökologischen Industriegesellschaft skizzieren zu können:

1. Massive Steigerung der Ressourceneffizienz.

2. Übergang zur Kreislaufwirtschaft die keinen Abfall mehr kennt.

3. Übergang von fossilen Energiequellen (Kohle, Öl, Gas) zu erneuerbaren Energien. Von begrenzten Rohstoffen zu nachwachsenden Rohstoffen.

Er nennt dies Solarökonomie, weil alle Wertschöpfung auf dem Prozess beruht, der das ganze Leben auf der Erde prägt und ermöglicht. Der Umwandlung von Sonnenlicht in Energie und biochemische Stoffe. Warum dies notwendig sein sollte, wird damit begründet, dass alle anderen Ressourcen eben endlich seien. Das dies für die Entwicklung und Weiterentwicklung einer Gesellschaft nicht von Relevanz ist, ob eine Ressource endlich ist oder nicht, scheint bei Füchs noch nicht angekommen zu sein, oder er verschießt sich dieser Erkenntnis, wie fast alle Grüne.

Den Vogel schießt aber Welzer ab, der sieht gar in Innovation und Effizienzsteigerung eine Gefahr, weil diese dazu beitrage, unser Kulturmodell, welches er als falsch erkannt hat, aufrechtzuerhalten.

> *„Es geht überhaupt nicht um Erhöhung von Effizienz, sondern um Reduktion von Effizienz. Ganz schlicht und ergreifend. [..] Solange ich das Kulturmodell beibehalte, nutzen mir die ganzen Innovationen gar nichts, sie tragen zum weiter beibehalten dieses falschen Prinzips bei."*

Welzer propagiert einen Kulturwandel, den man wohl ohne große Übertreibung auch Kulturrevolution nennen könnte, und rechtfertigt diesen damit, dass die Tiefenprägung der industriellen Moderne den Menschen nicht erkennen ließe was gut für ihn ist. Wer das denn für den Menschen tun könnte, das erwähnte Welzer nicht. Rein logisch kommt nur jemand infrage, der diese Tiefenprägung überwunden hat. Hier sei es dem Leser überlassen, sich vorzustellen, wie eine derartige Person aussehen könnte.

Füchs hält solche Vorstellungen für Humbug, was er so nicht sagt, aber erkennen lässt. Er meint gar, dies sei eine uralte Debatte, die in so verschiedenen Quellen wie der Bibel (Vertreibung aus dem Paradies, Turmbau zu Babel), der Prometheus Mythologie oder gar in Goethes Faust angesprochen werden. Dass also das Streben der Menschen nach Erkenntnisgewinn und die Suche nach neuen Möglichkeiten geradezu eine Konstante sei, völlig unabhängig von der jeweiligen Gesellschaftsform.

Ganz am Anfang der Diskussion meinte der Moderator, Peter Siller, dass Welzer und Füchs zwei Personen seien, die markante Positionen zum Wachstum im grün-ökologischen Spektrum vertreten. Damit hat er sicher Recht, eigentlich sind es die beiden einzigen Positionen, die bislang in diesem Spektrum ausformuliert sind. Aber beide wollen sie mit fragwürdigen Begründungen den Menschen vorschreiben, wie sie zu leben und vor allem, wie sie zu wirtschaften haben. Der eine gleich mit einer Art Kulturrevolution, der andere mittels Gängelung welche als ökologische Leitplanken verharmlost werden.

Beide zeigen sie sich gegenseitig auf, dass

die jeweilige andere Positionen entweder falsch oder menschenverachtend ist, und beide haben sie Recht damit. Allerdings anders als sie es sich vorstellen. Es wird eine Weiterentwicklung und Innovationen geben, in Technik und Gesellschaft und auch in Wissen, aber nicht so wie es sich diese beiden Jünger des ›The Limits to Growth‹ vorstellen. Dazu sind beide viel zu sehr in ihren jeweiligen Ängsten verfangen.[2]

- - - - -

1   „Beide haben in diesem Jahr Bücher vorgelegt, in de-nen sie sehr unterschiedliche Wege aus der Fortschrit-tsfalle beschreiben. Während Harald Welzer einen Pfad des 'Degrowth' und des radikalen Postmaterialismus beschreibt, verweist Ralf Fücks auf die soziale und demokratische Notwendigkeit eines ökonomischen Wachstums, das im Einklang mit der Natur steht."
[Heinrich Böll Stiftung: Reihe: Berliner Disput, Braucht Fortschritt Wachstum?]
<http://calendar.boell.de/de/node/98653>

2   Videomitschnitt der Veranstaltung.
<https://www.youtube.com/watch?v=NE-plhcuUFmY>

Ökologismus,

noch Ideologie

oder schon Kultur?

Irgendwann Mitte der neunziger Jahre des letzten Jahrhunderts sprach ich mit einem Jugendlichen, kurz nach dem, er von einem Schüleraustausch aus den Vereinigten Staaten zurückgekehrt war. Drei oder vier Wochen war er irgendwo in Oregon und froh wieder zurück in Deutschland zu sein. Schrecklich reglementiert sei alles, nicht mal Kippen konnte er ohne Hilfe kaufen. Als Jugendlicher könne man dort eigentlich gar nichts machen. Hier sei die Gesellschaft viel freier.

Das mag ein subjektiver Eindruck gewesen sein und wahrscheinlich auch daran liegen, dass es ihn in eine ziemlich ländliche Gegend verschlagen hat. Ich war dennoch einigermaßen erstaunt, dachte damals eigentlich, die Gesellschaft dort wäre freier als die unsere. Für Jugendliche offensichtlich nicht überall.

Dennoch ließ mich diese Äußerung nicht in Ruhe und da ich stolzer Besitzer eines neuen

PC war, CompuServe nun auch das Internet für Leute wie mich nutzbar gemacht hatte, wollte ich es ein wenig genauer wissen und kontaktierte eine Forenfreundin in den Staaten, die sich als großer Fan Deutschlands gezeigt hatte und diverse Foren zur Verbesserung ihrer Deutschkenntnisse nutzte.

„Wir haben im Gegensatz zu euch keine Kultur, die regelt was erlaubt ist und was nicht, wir müssen das mit Gesetzen machen,“ so lautete ihre Antwort auf meine Frage.

Das leuchte mir ein, setzt aber voraus, dass eine Kultur existiert der sich alle zugehörig empfinden. Anstand und Sitte werden kulturell geregelt, wie Menschen miteinander umgehen welche Handlungen und Verhaltensweisen akzeptiert sind, und welche nicht. Bei diesem Gedankengang musste ich natürlich ein wenig lächeln, als ›Reingeschmeckter‹ bei den Schwaben hatte ich beispielsweise das Kulturgut ›Kehrwoche‹ kennengelernt. Nicht dass anderswo die Gehwege nicht genauso gründlich geputzt werden, nur wird dort nicht so Aufhebens darum gemacht.

Aber ist nicht alles irgendwie Kultur. Es wird von Firmenkulturen gesprochen genauso wie von christlich-abendländischer oder fernöstlicher Kultur. Hier sollte dann schon die Frage erlaubt sein, welche Mechanismen wirken, dass Menschen ihre Verhaltensweisen, freiwillig oder unfreiwillig, einer bestimmten Kultur anpassen. Natürlich haben wir Gesetze, die letztlich auch ein Produkt unserer Kultur darstellen, doch was wirkt darüber hinaus, so wie es meine Forenfreundin meinte, welche ungeschriebenen Gesetze werden befolgt, sozusagen als Ergebnis einer allgemein akzeptierten Moral: Das macht man nicht.

Pünktlich zu privaten Verabredungen zu erscheinen, ist hierzulande Voraussetzung um ernst genommen zu werden, in anderen Ländern wird das als eher ungern gesehen, zumindest wenn es um private Verabredungen geht, denn der andere könnte sich unter Druck gesetzt fühlen. Überhaupt, vor allen in Asien, auf Fragen oder Bitten eine klare Absage zu bekommen, ist fast unmöglich. Hier muss gedeutet werden, eine Antwort in dem Sinne: „Ich werde versuchen" bedeutet Nein. Ein klares direktes Nein könnte vom Gegenüber als beleidigend empfunden werden, so werden auch Fragen so gestellt, dass der Andere nicht Nein sagen muss.

Kulturelle Unterschiede eben und wenn dann religiöse Befindlichkeiten hinzukommen, man denke nur an muslimische Länder und die entsprechen Dresscodes vor allen für Frauen, dann wird klar: Auch ungeschriebene Gesetze gelten, besonders dann, wenn man Zugehöriger einer bestimmten Kultur sein will. Jede Gesellschaft hat somit Regelungen, was man tut, und was nicht.

Meist ist dies mit Moral verbunden, so wird in der Moralgeschichte in verschiedenen Stufen unterschieden zwischen erlernter Moral, eine die mit Belohnung und Bestrafung verbunden ist, bis hin zu prinzipiengeleiteten Moralvorstellungen, in denen klare Unterscheidungen zwischen richtig und falsch vorgenommen werden.

Schon hier zeigt sich, eine komplett einheitlich akzeptierte Moral gibt es auch in einer Kultur nicht, vielmehr ist ein Konglomerat von erlernten Verhaltensweisen, die gewissermaßen mit Anpassung in die vorherrschende Kultur zu tun haben, und tieferen Überzeugungen aus der dann eigene ethische Werte abgeleitet werden, also mehr eine individualistische Moral darstellen.

Das kann zu Konflikten führen, weil man durch kulturell bestimmte Umstände sich zu Verhalten gezwungen sieht, das mit der eigenen Moral nicht kompatibel ist. Dadurch entsteht ein schlechtes Gewissen, welches dann wieder beruhigt werden muss.

Töten ist in den meisten Fällen moralisch nicht vertretbar, geschieht es aber auf Befehl, wie im Krieg, so kann das eigene Gewissen mit diesem Befehlsnotstand beruhigt werden, und die Handlung selbst bleibt als etwas Fremdes zurück, etwas was mit der eigenen Moral nichts zu tun hat. Canetti spricht hier vom Befehlsstachel, der sich tief in die Seele des Menschen eingräbt, dort aber ein Fremdkörper bleibt, den man wieder loswerden will.

Töten ist aber nur die extremste Form eines moralischen Konflikts, wir alle sind ständig Zwängen (eigentlich kulturellen Befehlen) ausgesetzt, die unseren individualistischen moralischen Überzeugungen mehr oder weniger widersprechen. Ein schwärender Stachel bleibt in der Seele zurück, wie Canetti sagen würde, oder ein schlechtes Gewissen wie es landläufig genannt wird. Wir sind alle fehlbar und Sünder, so wird dieser Umstand in den Religionen beschrieben. Es sind nur verschiedene Beschreibungen des gleichen Sachverhaltes und betrifft religiöse Menschen genauso wie die anderen, da der Auslöser Zuwiderhandlungen gegenüber prinzipiengeleiteten Moralvorstellungen ist. Das kann, muss aber nicht mit Religion zu tun haben. Religiöse Menschen werden vielleicht schon das Denken von sündigen Handlungen belastend empfinden, während andere nur die Handlung selbst, wenn sie vollzogen ist, als Verfehlungen gegenüber eigenen Wertvorstellungen betrachten.

Wir sehen also, es besteht ein latenter Konflikt zwischen den Befehlen, die uns die umgebende Kultur gibt, mit all den erlernten Verhaltensweisen die aus der Alltagskultur hervorgehen, und auf der anderen Seite, den prinzipiellen individualistischen Moralvorstellungen, welche religiös begründet sein können, es aber nicht sein müssen. Jede Art von Ideologie kreiert die Unterscheidung in richtig und falsch, weshalb es auch ein natürliches Bestreben ist, die Alltagskultur an die Ideologie anzupassen um nicht gezwungen zu sein, Handlungen vorzunehmen die der Ideologie widersprechen. Dies ist ein Prozess der mal mehr, mal weniger deutlich, ständig abläuft und zu einer stetigen Veränderung der Kultur führt.

Diese etwas lange Einleitung ist notwendig um zu verstehen wie Ideologien auf Gesellschaften wirken, wie sie Kulturen prägen und verändern. Dabei ist es völlig nebensächlich, um welche Ideologie es geht, wenn sie nur genügend Anhänger hat und entsprechende Narrative anbietet, die von der Gesellschaft als Erklärungsschablonen gebraucht werden können. Sozialismus, Kapitalismus, Religion, Neoliberalismus, Ökologismus – die Liste lässt sich wahrscheinlich unendlich weiter führen, sie alle entwickeln prinzipiengeleitete Moralvorstellungen an diese sich dann Stück für Stück die Gesellschaft anpasst.

Dennoch bleibt immer ein Widerspruch, sei es durch konkurrierende Ideologien, sei es durch technische oder wissenschaftliche Weiterentwicklung, die bisherige Narrative als überholt oder falsch erscheinen lassen, immer sieht die Wirklichkeit ein wenig anders aus, als es uns lieb ist und zwingt uns zu Verhaltensweisen die ein schlechtes Gewissen hervorrufen, sofern wir dem kulturellen Befehl folgen. Um dem Befehlsstachel wieder loszuwerden, bedarf es eine Umkehrung der Verhältnisse, was im eigentlichen Sinne Revolution heißt, demjenigen der die Macht hat, wird diese entzogen und er muss sich nun den Befehlen seiner Widersacher beugen, es kann aber in etwas weniger brachial in Form von Missionierung geschehen. Die eigenen prinzipiellen Moralvorstellungen zwingen dazu:

›Man muss doch etwas tun‹. Und in dem man etwas tut, revolutioniert oder missioniert, schafft man wieder den Ausgleich zwischen den eigenen moralischen Vorstellungen, die natürlich aufgrund der zugrunde liegenden Ideologie universelle Gültigkeit haben, und der Realität.

Für diejenigen die diesen Weg zum Ausgleich des seelischen Gleichgewichtes nicht gehen können, weil sie sich zu schwach dazu fühlen, oder weil sie mehr individuelle Opfer erbringen müssten als sie zu geben bereit sind, müssen mindestens durch rituelle und/oder symbolische Handlungen vor sich selbst deutlich machen, welche moralischen Werte für sie die richtigen sind. Religionen haben diesbezüglich reichlich Erfahrung und bieten den Gläubigen eine Vielzahl von Möglichkeiten an, die eigenen moralischen Ansprüche mit der Realität in Einklang zu bringen. Dies beginnt schon mit der Kirchensteuer oder den Kauf von BIO-Produkten, mit der sich die Ökologisten, die als Anhänger einer säkularen Religion gesehen werden können, moralisch vor sich selbst rechtfertigen.

Stück für Stück diffundieren Verhaltensweisen die aus den Geboten einer neuen Moral entspringen in die Gesellschaft, werden zur Kultur, die dann nicht mehr hinterfragt wird, und die auch nicht begründen muss, warum dieses oder jenes getan wird. Die Kultur löst sich sozusagen von der Ideologie und wird selbst normgebend. Handlungen werden erlernt, ohne den Sinn der Handlungen zu hinterfragen, sie sind zum allgemeinen Kulturgut geworden.

Weihnachten feiern auch diejenigen die an keinen Gott glauben und Müll wird schön brav auch von denen getrennt, die eigentlich mit den Ökos nicht viel am Hut haben, selbst von denen, die einzelne Handlungen wie das Mülltrennen für Blödsinn halten, tun es trotzdem die meisten. Gleiches lässt sich über Handlungen zum Klimaschutz sagen oder der Ressourcenschonung. All dies wird nicht mehr mit rationalen Argumenten begründet, sondern mit einer prinzipienbegründeten Moral, die bereits Teil der Alltagskultur geworden ist. Die Ökokultur ist Teil der Gesellschaft geworden und wird auch nicht wieder verschwinden, wenn sich herausstellt, dass einzelne Elemente der Ideologie des Ökologismus als widerlegt oder wissenschaftlich falsch erkannt werden. Was richtig und falsch ist, bestimmt die Kultur und nicht die Wissenschaft, also werden Verhaltensweisen erst dann geändert, wenn sich herausstellt, dass sie in der Praxis nicht mehr aufrechterhalten werden können, weil sie zu erheblichen konkreten ökonomischen Nachteilen führen.

Entscheidend für einen derartigen Wandel ist immer die Praxis. Können die Riten der Kultur, mit der Selbstbestätigung und moralische Werte verbunden sind, aufrechterhalten werden, ohne dass es zu spürbaren Nachteilen gegenüber anderen Kulturen kommt?

Ist dieses Spannungsverhältnis zu groß, wird die Gesellschaft neue Ideologien prüfen, aus denen dann Rechtfertigungen und vor allem moralische Begründungen abgeleitet werden können, die nicht mehr so im Widerspruch zur Lebenswirklichkeit stehen.

Dieser kulturelle Anpassungsmechanismus an die Lebenswirklichkeiten ist ein permanenter Prozess – immer aber hinkt die Alltagskultur der realen Entwicklung hinterher, ja die Betrachtung der Alltagskultur ist eigentlich ein Blick in die Vergangenheit. Die Avantgarde, diejenigen welche die Kultur in der Zukunft prägen werden, sind in Gegenwart nicht zu erkennen. Erahnen kann man es vielleicht, wenn man die technische Entwicklung betrachtet, das was in der Praxis die Menschen begleiten wird, denn diese neuen Lebenswirklichkeiten werden sich ihre eigene moralischen Rechtfertigungen schaffen, aus der dann wieder eine neue Kultur entsteht, ohne dass die alte vollständig verschwindet. Etwas bleibt immer zurück, außer bei Kulturrevolutionen, wenn alles ins Gegenteil verkehrt wird.

Revolutionen sind aber immer auch so etwas wie Dammbrüche, etwas hat sich zu lange aufgestaut, natürliche Anpassungsprozesse wurden durch totalitäre Ideologien verhindert, oder durch Kulturen die zu lange an den Normen einer vergangenen moralischen Legitimation fest gehalten haben. Leider ist der Ökologismus schon sehr nahe dran eine totalitäre Ideologie zu sein, allerdings nur in der Theorie, und Theorien sind niemals bestimmend, nur die Praxis. „Erst kommt das Fressen, dann kommt die Moral", das hatte schon Bertolt Brecht völlig richtig erkannt.

Aktivist Researchers

Fast der ganze Artikel von Gabriele Goettle in der taz, über ›Citizen Science‹ oder ›Laienwissenschaft‹, besteht aus Zitaten von Dr. Dr. h. c. Peter Finke, emeritierter Professor für Wissenschaftssprach- und Kulturtheorie an der Universität Bielefeld.[1] Der startet einen Frontalangriff auf die etablierte Wissenschaft, die seines Erachtens nach eher eine Wissensbürokratie geworden ist und der freien Wissensaneignung entgegensteht. Er geht aber noch weiter und setzt Laienwissen, oder Laienvermutungen, als richtig der Profi-Wissenschaft gegenüber. Die Profis können es nicht wissen, weil ihnen die Zusammenhänge fehlen. Den Blick dafür aber glaubt Finke zu haben und lässt sich dazu hinreißen, dass was seinen Vorstellungen nicht entspricht, wenn es von Spezialisten vorgetragen wird, als falsch zu bezeichnen. Beispielsweise über Ökonomen sagt er:

„Dabei sagen sie im Grunde immer das Gleiche, obwohl heute jeder Laie genau weiß, dass es falsch ist. Aber die Ökono-

Beeindruckend hierbei ist nicht, dass es tatsächlich eine breite Diskussion darüber gab und gibt, für was Wachstum gut ist, dies nahm sogar breiten Raum in einer Enquete-kommision des Bundestages ein, bei der die verschiedensten Sichtweisen erörtert wurden, sondern dass Laienwissen, oder Laienvermutung, über die Wissenschaft gesetzt wird: „Obwohl heute jeder Laie genau weiß, dass es falsch ist." Eine solche Herangehensweise ist nicht Skepsis gegenüber wissenschaftlichen Erklärungen, sondern Besserwisserei ohne Grundlage.

Doch Finke bringt auch andere Beispiele von ›Citizen Science‹, als er die Bürgerinitiativen zu Stuttgart 21 oder die Antiatombewegung nennt, und hervorhebt, dass sich innerhalb dieser Gruppierungen enormes Wissen angesammelt hat. Der Schwachpunkt hier fällt natürlich sofort auf, denn diese Methode zur Wissensgewinnung wird auch ›Activist Research‹ von ihm genannt, und es ist fraglich, ob ein solches Vorgehen genügend Skepsis vor den eigenen Ergebnissen produzieren kann. Dabei ist, so Robert K. Merton, für die

Wissenschaft organisierter Skeptizismus Voraussetzung. Ob dies ›Citizen Science‹ leisten kann, muss bezweifelt werden, da sie in allererster Linie aus persönlichen Interesse am Objekt geleitet wird, welches schon von vornherein als gut oder schlecht bewertet wurde.

Allerdings, wenn wir uns die Klimawandeldebatte beispielsweise anschauen, so hat es den Anschein, als ob Institutionen wie das ›Intergovernmental Panel on Climate Change (IPCC)‹ oder ›Potsdam-Institut für Klimafolgenforschung (PIK)‹ nicht mehr Mertons Beschreibung von Wissenschaft entsprechen, sondern eher ›Activist Researchers‹ sind und dementsprechend intellektuelle Autonomie in derartigen Institutionen nicht gewährleistet ist, und auch von den Wissenschaftlern nicht erlangt werden kann, da die sich oft als Aktivisten sehen. Es verschwimmen dann die Grenzen zwischen traditioneller Wissenschaft nach Merton, und ›Citizens Science‹ nach Finke. Letztere sind fast ausnahmslos ›Activist Researcher‹ und damit in einem Sinne mit dem Forschungsthema verbunden, das mit wissenschaftlichen Standards in Konflikt gerät. Zwangsläufig.

Nun gibt es aber Gegenbewegungen, die genau genommen auch ›Citizens Science‹

sind, so wie es Finke beschreibt: Laienwissenschaftler mit einem Anliegen, in der Klimawandeldebatte einfach ›die Skeptiker‹ genannt. Sie stürzen sich auf die Klimawissenschaft mit genau den gleichen Vorannahmen, „dass hier jeder Laie genau weiß, dass es falsch ist", wie es die sogenannte Klimawissenschaft im alarmistischen Sinne tut. Die Parallelen zu den ›Citizens Science‹ wie sie aus der Gruppe der Kernkraftgegner hervorgegangen sind, sind offensichtlich. Hier wie dort wurde Wissenschaft missbraucht, politische Entscheidungen mit Wissenschaft begründet, was zu der Annahme führte, dass die Wissenschaft korrumpiert sei und damit die Aktivist Researchers auf den Plan ruft.

Leute wie Finke reden nun diesen Leuten ein, jenes was sie tun, wäre die eigentliche Wissenschaft, und verkennt dabei, dass Wurzeln der Skepsis aus der Schnittstelle zwischen Wissenschaft und Politik erwachsen. Wissenschaftler drängen die Politik zu bestimmten Entscheidungen und Politik missbraucht Wissenschaft, um eigene Entscheidungen zu legitimieren.

Und genau nur an dieser Schnittstelle können ›Aktivist Researchers‹ wirksam Fehlentwicklungen aufdecken, wenn sie allerdings versuchen eine eigene Wissenschaft zu kreieren, müssen sie sich wissenschaftlichen Standards unterwerfen, woran sie dann regelmäßig scheitern. Sie können Fehlentwicklungen aufdecken, darauf hinweisen, wo wissenschaftlichen Standards nicht entsprochen wird, wo sich Politik in Wissenschaft einmischt, und umgekehrt. Sie können aber nicht für sich in Anspruch nehmen, Wissenschaft zu betreiben.

In den allermeisten Fällen sind Aktivist Reseachers politisch engagierte Laien, manchmal auch Wissenschaftler, bei denen aber das was sie für richtig halten, im politischen Sinne, Hauptantriebskraft ist. Nicht die Wissenschaft, die ist nur das Feigenblatt. Demzufolge ist auch die Auseinandersetzung zwischen Alarmisten und Skeptiker in der Klimawandeldebatte kein wissenschaftlicher Disput, sondern im Grunde ein politischer Streit. Das war bei den Kernkraftgegnern so, bei Stuttgart 21, oder beim jeweils neuen IPCC Bericht.

- - - - -

1   taz: ›Wissen und Bildung für alle‹ erschienen
     am 31.03.2014. „Eine Unterhaltung mit Peter
     Finke über Citizen Science, das Wissen der

Laien und die heutigen Akademien."
<http://www.taz.de/1/archiv/digitaz/artikel/?
ressort=ku&dig=2014%2F03%2F31%2Fa010
3&cHash=bc5baca7d7-
fe2748f08c844f0812cbb5>

König Ubu und die Klimawissenschaft

Kürzlich empfahl der Perlentaucher eine neu erschienene Biografie über Alfred Jarry.[1] Schon diese Meldung zauberte unmittelbar ein Lächeln in mein Gesicht, so manche Anekdote über diesen Schriftsteller fiel mir ein, alle das Bild Jarrys als Bürgerschreck unterstreichend.[2] ›König Ubu‹, wohl sein bekanntestes und zu seinen Lebzeiten nur ein mal aufgeführtes Werk, war einige Jahre mein treuer Begleiter in Form eines Reclambuches. [3] Wurde ich hin und wieder gefragt, welches Buch dies denn sei, welches ich ständig mit mir herumtrage, dann nutzte ich die Gelegenheit und las einige Sätze daraus vor. Danach war für die Zuhörer klar: Der Quentin hat einen an der Waffel, wer so ein Zeug liest, kann nicht normal sein.

Diese Reaktion war natürlich genau einkalkuliert, denn damit verschaffte ich mir eine gewisse Narrenfreiheit als Kompensation für die existierende Unfreiheit auf dem, in meinen Augen, nicht minder verrückten Narrenschiff DDR. Ich hatte Spaß an der Konfrontation, so wie das eben Teenager aller Zeiten haben. Doch dabei blieb es nicht, sondern es gesellte sich die Erkenntnis hinzu, dass auf den ersten Blick völlig verrückt erscheinende Geschichten einen speziellen Wahrheitsbezug haben und wirklichkeitserklärend werden. Die existierende sozialistische Gesellschaft erschien mir völlig verrückt und war dennoch real. Mit logischen Herleitungen, das wurde mir schon recht früh klar, wird man die Welt nicht erklären können. Was ist real, was ist imaginär, was ist richtig, was ist falsch – überall sind die Grenzen fließend.

Nun gibt es aber ein Wissenschaftskonzept, welches sich 'Pataphysik nennt und ebenfalls auf Alfred Jarry zurückgeht, in welchem die Unterschiede zwischen real und imaginär, zwischen richtig und falsch, verschwinden.[4] Auch wenn es in Wikipedia als absurdistisches Wissenschaftskonzept bezeichnet wird, so steckt doch ein geniales Erklärungsmodell dahinter. Die 'Pataphysiker meinen, dass die 'Pataphysik zur Metaphysik steht, so wie die Metaphysik zur Physik. Sie wird auch die ›Wissenschaft von den imaginären Lösungen‹ bezeichnet. Letztlich ist alles imaginär, die Probleme und die Lösungen.

In einer Sendung des Schweizer Fernsehens aus der Reihe ›Sternstunden Philosophi‹‹ erklärte Klaus Ferentschik, Mitglied des ›Collège de 'Pataphysique in Paris‹ und Regent für spezielle Dämonologie, die Grundprinzipien so:[5][6][7]

„Die Pataphysik geht davon aus, dass auch die Dinge, die es nicht gibt, wahr sind, zumal sie in uns existieren, zumal wir daran denken, zumal wir uns in unserer Vorstellung damit beschäftigen. Dann existieren die Dinge und sind genauso real, wie die angeblich realen Fakten. [...]

Pataphysik inkludiert alles, alles Vorstellbare, alles Unvorstellbare, alles Mögliche, alles Unmögliche. Für sie ist alles eins in einer grenzenlosen Welt pataphysischer Betrachtungen. Die das Mögliche und das Vorstellbare dem Unmöglichen und dem Unvorstellbaren gleich setzt, kann dann auch nicht mehr als wahr und oder falsch angenommen werden, sondern nur noch als gegeben und existent.“

Das hört sich erst mal tatsächlich nach einem absurden Wissenschaftskonzept an, aber nur auf den ersten Blick, denn in Wirklichkeit wissen wir über so viele Dinge nichts, und sie sind dennoch real, weil sie in der Vorstellung existieren.

„Das sozial Imaginäre ist das Fundament, der Ursprung all dessen, dem individuell oder kollektiv ›Wert‹ zugesprochen wird"

meint die Literaturwissenschaftlerin Eva Horn unter Bezugnahme auf Cornelius Castoriadis.[8]

Dem Imaginären wird ein Wert zugesprochen, damit ist es nicht nur im pataphysischen Sinne real. Doch nicht nur das ›sozial Imaginäre‹, sondern alle Imagination ist real und gegeben, weil es einen materiellen oder ideellen Wert darstellt, was wiederum das Fundament unseres Handelns und Denkens ist. Wie Vorstellungskraft auf Gesellschaften wie auf Individuen wirken können, wird insbesondere deutlich, wenn es um Zukunftsbilder geht, dessen Rahmen derzeit hauptsächlich aus der Werkstatt Apokalypse kommen.

Klimakatastrophe oder Vergreisung und Überbevölkerung, aus Zahlen (Statistiken, Messwerten) werden Bilder gemacht. Was daran wahr oder falsch ist, interessiert nicht, die Imagenationen sind vorhanden und damit ist es real. Insbesondere in der Klimatologie ist alles imaginär. Probleme entstehen nur als Phantasiegebilde, weil die Zahlen selbst, auf die sich Klimatologen stützen, gar nichts aussagen. Soundso viele Zehntel Grad Celsius ist es auf der Welt seit hundert Jahren wärmer geworden. Gemerkt hat das keiner, nur durch die Imagination wurde der Klimawandel real. Da es aber tatsächlich niemand ohne diese Zahleninterpretationen gemerkt hätte, dass es ein paar Zentelgrad wärmer geworden ist, ist die Vorstellung dessen was es für uns bedeutet, ein imaginäres Problem. Genau dafür ist die 'Pataphysik zuständig, für Imagenationen, so verrückt sie auch erscheinen, sie werden wirklichkeitserklärend und der Unterschied zwischen real, und nicht real, löst sich auf. Es wird als gegeben und existent angenommen.

Wir haben also ein imaginäres Problem, den Klimawandel, welchem wir gemäß der Pataphysik mit imaginären Lösungen begegnen können. Hier verschwimmt nun ein wenig die Begrifflichkeit, denn wir unternehmen ja tatsächlich reale Anstrengungen, um die imaginäre Klimakatastrophe zu vermeiden. Allerdings auch hier nur auf den ersten Blick, denn in Wirklichkeit sind die realen Anstrengungen nur imaginäre Anstrengungen. Dazu müssen wir uns wieder auf die Ebene der nackten Zahlen begeben, ohne jede Imagination. Und diese Zahlen sagen aus, dass nichts passiert ist. Das CO_2 steigt munter weiter, die Energiewende, oder andere Anstrengungen, konnte an den Zahlen nichts ändern.

Dadurch aber, dass die Temperatur der Erde derzeit nicht mehr steigt, auch das sehen wir nur in den Messwerten und Statistiken, fühlen können wir es nicht, muss es eine andere Erklärung geben, warum die Energiewende gewirkt hat. Die realen Anstrengungen haben offenbar pataphysisch gewirkt, gleichsam direkt aufs Klima, ohne sich erst lange mit dem Kohlendioxid aufzuhalten. In der 'Pataphysik ist das kein Widerspruch, da sowieso alles imaginär ist, das Mögliche genauso wie das Unmögliche.

Damit kommen wir zum nächsten pataphysischem Phänomen, der Auflösung zwischen wahr und falsch.

> *„Den [Unterschied] gibt es nicht mehr,*
> *denn in ihrer Vorstellung können sie ja*
> *ständig hin und her hüpfen",*

meint Klaus Ferentschik.

Genau das machen die Klimawissenschaftler ja auch, welche fordern, wir müssen reale Handlungen wie die Reduzierung des CO_2 mithilfe der Energiewende vornehmen, welches dann zwar den CO_2 Ausstoß erhöht, allerdings trotzdem das Klima schützt. Das ist 'Pataphysik in Reinkultur, ein ständiges hin und her hüpfen zwischen Real und Imagination.

In der Anmoderation zur ›Sternstunden Sendung‹ des Schweizer Fernsehens heißt es: „Die ganze Welt ist ohnehin und grundsätzlich pataphysisch, ob wir es nun wahr haben wollen oder nicht." Wahrscheinlich wissen die meisten Klimatologen und Klimaschützer gar nicht in welch höhere Sphären der 'Pataphysik sie bereits vorgedrungen sind und es wäre dem ›Collège de 'Pataphysique‹ anzuraten, zu den bisherigen Lehrstühlen:

- Generelle 'Pataphysik und Dialektik der Unnützen Wissenschaften
- Angewandte 'Pataphysik. Blablabla und Matäologie
- Geschichte der 'Pataphysik und Exegese Katachemie und 'Pataphysik der Unexakten Wissenschaften (Mistizin, Geschichte, Sozial- und Kulinarwissenschaften   usw.),

Aufbaustudiengang Magirosophie
- Militärische und strategische Eristik
- Photosophistik
- Katachemie und 'Pataphysik der Unexakten Wissenschaften (Mistizin, Geschichte, Sozial- und Kulinarwissenschaften usw.), Aufbaustudiengang Magirosophie
- Kinematographologie und Onirokritik
- Erotik und Pornosophie
- Krokodilologie
- Pompagogie, Pomponierismus und Zozologie

noch einen Studiengang für spezielle Energiewenden, Aufbaustudiengang angewandte Klimatologie und Klimasophie, anzubieten.

In der Zwischenzeit können wir den Klimatologen und Energiewendentologen noch die Worte eines der großen Gelehrten der 'Pataphysik, Marcel Duchamp, ans Herz legen:

> *„Es gibt kein Problem, weil es keine Lösung gibt.“*

Ferentschik hat Duchamp anders herum zitiert:

> *„Es gibt keine Lösungen, weil es keine*

Aus pataphysischer Sicht ist beides richtig, weil sowohl die Probleme als auch die Lösungen imaginär sind: Klimawandel und Klimaschutz. Klimatologie ist somit eindeutig ein Teilgebiet der 'Pataphysik, irgendwo einzuordnen bei den Unexakten Wissenschaften (Mistizin, Geschichte, Sozial- und Kulinarwissenschaften usw.).

König Ubu half mir den real existierenden Sozialismus zu verstehen, wenngleich ich mich mithilfe der 'Pataphysik über ihn lustig machte; in dem ich mich zwar scheinbar zum Narren machte, dabei aber der Gesellschaft den Spiegel vorhielt. Erst in diesem Spiegel wurde klar, dass alles Imagination ist, aus dieser Imagination aber reale Probleme entstanden, die wiederum mit imaginären Lösungen bedacht wurden.

Die heutigen Imagenationen werden real durch Begriffe wie Klimawandel, Klimaschutz, Klimawissenschaft und Nachhaltigkeit. Institutionen werden gegründet die mit imaginären Lösungen imaginäre Probleme beseitigen wollen. Was wirklich wahr ist, wird irrelevant. Noch mal Eva Horn:[9]

*„Dieses weite und disparate Feld von Fik-
tionen über das Klima zu analysieren bedeutet nicht, sie auf ihren Wahrheitsge-
halt zu überprüfen, sondern zu zeigen,
wie die Wahrheit ›zustande kommt‹, die
sie mit großer Überzeugungskraft anschaulich machen wollen. Nur so lassen
sich die unausgesprochenen Programme,
die heimlichen Implikationen und Handlungsanweisungen entziffern, die in den
unterschiedlichen Klimaimaginationen be-
arbeitet werden. "*

Hier möchte ich noch in einem Punkt widersprechen, es sind keine heimlichen Implikationen, die solche pataphysische Wissenschaften wie die Klimatologie bestimmen, es
sind unheimliche. Doch so oder so, nichts ist
real, alles ist Fiktion oder Imagination. Und
nur in diesen Bereichen wirken auch die
Handlungsanweisungen, denn im realen Leben gibt es keine Lösungen, weil es keine Probleme gibt. Oder anders herum.

- - - - -

1   Alastair Brotchie: Alfred Jarry, Ein pataphysi-
     sches Leben . Aus dem Englischen und Fran-

zösischen von Yvonne Badal, Piet Meyer Verlag, Wien 2014.
<https://www.perlentaucher.de/vorgeblaettert/alastair-brotchie-alfred-jarry.html>

2   Apollinaire: Alles in der Wohnung von Jarry war zu klein: das Bett, die Bibliothek, sogar die an den Wänden hängenden Bilder. Nur auf dem Kamin stand ein steinerner Phallus aus Japan und als ihn einmal eine Dame schockiert entdeckte, meinte der Bewohner auf ihre Frage, ob dies ein Gipsabdruck sei, nur kurz: „Nein, eine Verkleinerung."
[Wikipedia.de: Alfred Jarry]
<https://de.wikipedia.org/wiki/Alfred_Jarry>
[physiologus.de: Verkleinerung]
<http://www.physiologus.de/verkleiner.htm>

3   „Das 1896 uraufgeführte Drama wurde von Surrealisten und Dadaisten gefeiert und in zahlreiche Sprachen übersetzt. Später identifizierte sich Jarry immer mehr mit seiner Figur; gegen Ende seines Lebens signierte er sogar mit Ubu."
[Wikipedia: König Ubu]
<http://de.wikipedia.org/wiki/K%C3%B6nig_Ubu>

4   Wikipedia: 'Pataphysik

„Jarrys 'Pataphysik blieb bis zur Gründung
des Collège de 'Pataphysique 1948 eine weit-
gehend nur literarische Idee, die Künstler und
Schriftsteller inspirierte. Die später berühmt
gewordene 'pataphysische Vereinigung, gegründet zu Alfred Jarrys Ehren in der Librai-
rie des Amis des Livres in Paris, hatte auf die
Weiterentwicklung der 'Pataphysik wesentlichen Einfluss. Zu den Gründern zählten Ray-
mond Queneau und Boris Vian. Spätere prominente Mitglieder waren hauptsächlich
Künstler, Musiker und Schriftsteller, wie Marcel Duchamp, Max Ernst, Eugène Ionesco,
Joan Miró, Groucho, Harpo und Chico Marx,
Jean Baudrillard, Dario Fo, Umberto Eco,
Man Ray und Harald Szeemann."
<http://de.wikipedia.org/wiki/
%E2%80%99Pataphysik>

5   SRF: Sternstunde Philosophie: ›Klaus Ferentschik: 'Pataphysik – Wissenschaft der imaginären Lösungen – ein Paralleluniversum der
Phantasie und der individuellen Abweichung.‹
Die Sendung wurde ursprünglich am
04.11.2007 im Schweizer Fernsehen ausge-
strahlt. Diese Sendung brachte auch 3sat,
daraus hier ein Ausschnitt, gefunden auf Youtube.
<https://youtu.be/Gjy526vPKX4>

6   Wikipedia: Klaus Ferentschik
     „Im Collège de 'Pataphysique fungiert er als
     Regent mit einem Lehrstuhl für démonologie
     spéciale, ver-fasste ein ausführliches Buch
     über 'Pataphysik, die Wissenschaft von den
     imaginären Lösungen und zum 50jährigen Ju-
     biläum der Weltmaschine des Franz Gsell-
     mann den dazugehörigen Roman - Der Welt-
     maschinenroman (2008). Seit 2001 lebt Klaus
     Ferentschik in Berlin."
     <http://de.wikipedia.org/wiki/
     Klaus_Ferentschik>
7   Wikipedia: Collège de 'Pataphysique
     „Das Collège de 'Pataphysique, gegründet
     1948 in Paris, ist eine Vereinigung zur Förde-
     rung von Studien der 'Pataphysik, einem vom
     französischen Schriftsteller Alfred Jarry
     (1873–1907) erdachten absurdistischen
     Wissenschaftskonzept. Das Collège war in ei-
     ner ersten Phase besonders in den 1960er
     Jahren in Kunst und Literatur einflussreich."
     <http://de.wikipedia.org/wiki/Coll
     %C3%A8ge_de_%E2%80%99Pataphysique>
8   Eva Horn: Zukunft als Katastrophe. S. Fi-
     scher Verlag, 2014, S. 13
9   ebenda S. 113

Kinderschuhe

und der Klimawandel

„Isda, Nukos!" Mit diesen Rufen wurde ich geweckt, fast täglich morgens gerade als die Sonne begann aufzugehen. Allerdings kamen der Fischersfrau, die den nächtlichen Fang ihres Mannes an die Kundschaft bringen wollte, manchmal die Hähne zuvor. Diese begannen schon vor dem Sonnenaufgang zu krähen, für Langschläfer sind Fischerdörfer in den Philippinen nicht geeignet. Jeden Morgen beginnen die Frauen die Straße oder manchmal nur den Weg, mit Strohbesen zu fegen, und eine rege Kommunikation ist ebenfalls schon bei den ersten Sonnenstrahlen im Gange. Sauber sieht es aus in diesen Örtchen, kein Vergleich mit den größeren Städten, die abseits von Tourismus oder Big Business einem Dschungel gleichen, je kleiner die Orte, desto sauberer, nicht generell, doch tendenziell.

Isda (Fisch) und Nukos (kleiner Tintenfisch) werden sofort zubereitet und finden sich zusammen mit Reis auf dem Frühstückstisch wieder. Nur ganz frisch hat der Fisch noch einen überaus angenehmen süßlichen Beigeschmack, wird er erst am Abend zubereitet, ist dieser Geschmack, trotz zwischenzeitlicher Kühlung, nicht mehr so vorhanden. Es ist ein bisschen so wie mit der bayerischen Weißwurst, die ja angeblich das Mittagsläuten auch nicht hören soll.

Malot hieß die Fischersfrau, sie lebte mit ihrem Ehemann und drei oder vier Kindern in den Mangroven, hatte dort eine kleine Bambushütte ohne Strom. Wenn das Geld langte, wurde mit Propangas gekocht, wenn nicht, mussten die Mangroven das Holz dafür hergeben. Manchmal sah ich ihre Kinder von der Schule kommen, sauber rausgeputzt, doch immer mit Slipper an den Füßen, manchmal auch barfuß. Den sozialen Status einer Familie konnte man am Schuhwerk der Kinder sehen, wer es sich leisten konnte, schickte seine Kinder mit richtigen Schuhen in die Schule. Dafür langte es bei Malot nie.

Einmal nur sah ich sie und ihre Familie in richtig guten Kleidern, inklusive Schuhen. Ihre jüngere Schwester wollte einen jungen Mann heiraten, oder umgekehrt, doch dafür wurde die Erlaubnis der Eltern benötigt. Der junge Mann arbeitete als Hilfsmechaniker mal hier, mal dort. Vor allem an den Motorrädern oder an denen mit Bindedraht und Pflaster zusammengehaltenen Minibussen war ja immer was zu reparieren, oder auch die kleinen Hondamotoren, mit denen die Fischer ihre Nussschalen ausstatteten, anders kann man diese Boote kaum bezeichnen, bedurften gelegentlicher Wartung. Vielleicht haben sich die jungen Leute bei einer solchen Gelegenheit kennen gelernt.

Die Eltern des jungen Mannes waren Reisbauern auf einer benachbarten Insel, ihr sozialer Status entsprach in etwa dem, welcher auch Malot und ihre Familie hatte. Daher stand einer Vermählung der beiden jungen Leute nichts im Wege und wahrscheinlich nur der Form wegen, also aus Tradition, suchten die Eltern des Mechanikers die Familie der Braut auf.

Eigentlich war der Platz, an dem Malots Hütte stand, eine Postkartenidylle. Gleich nebenan befand sich ein etwa zwanzig Meter breiter Gezeitenfluss mit kleinen Sandbänken, die sich immer wieder veränderten und in den Biegungen so was wie einen Strand schufen. Hier konnte man Kinder spielen lassen, das Wasser war kristallklar und da kein Süsswasser in der Nähe war, war man auch vor den Moskitos sicher. Mir gefiel es dort besser als am offenen Meer. Und so wurde ich auch Zeuge, wie sich die Eltern des zukünftigen Brautpaares vor Malots Hütte trafen. Dort wurde dann gegessen, gesungen, getanzt und gelacht. Was das ganze aber zu einer geradezu grotesken Vorstellung machte, war eben, dass alle im feinsten Zwirn gekleidet waren. Sogar Malots Kinder, die ich bis dahin nie mit Schuhen sah, trugen diesmal welche. Das ganze inmitten eines Mangrovenwäldchens. Ich frage mich bis heute, ob die Kleider und die Schuhe nur geborgt waren, anders ist es kaum vorstellbar.

„Quentin, komm mal schnell her", rief meine Frau, „hier sind Philippinos im Fernsehen". Wir befinden uns nun wieder in Deutschland und wenn meine Frau einen Bericht oder sonst irgendwas im Fernsehen sieht, was mit ihrer Heimat zu tun hat, dann möchte sie Erklärungen von mir dazu. Kulturelle Übersetzungsarbeit sozusagen.

Im Ersten wurde der Gottesdienst zur Eröffnung der ›Misereor Fastenaktion 2015‹ aus dem Dom St. Peter in Osnabrück übertragen, und diese Fastenaktion widmet sich dieses Jahr dem Klimawandel. Auf der Programmseite der ARD heißt es dazu: „Fischerfamilien, die an den Küsten der Philippinen leben, bekommen die Folgen des Klimawandels zu spüren." Seit dem muss ich wieder an Malot denken und frage mich, ob sie den Klimawandel auch als Bedrohung ansieht. Wenn ich sie danach gefragt hätte, sie hätte gelächelt, das tat sie immer. Wahrscheinlich hätte sie geantwortet: „Es liegt alles in Gottes Hand". Katholischer Fatalismus hilft eben manchmal Dinge auszublenden, über die sich andere die Köpfe heiß reden, die für einen selbst aber ohne Belang sind.

Aber als gute Katholikin wird sie zu ihrem Herrn gebetet, und vielleicht auch den einen oder anderen Wunsch vorgetragen haben, während sie für jedes ihrer Kinder eine Kerze anzündet. Um Klimawandel wird es da sicher nicht gegangen sein, bestimmt aber um Kleinigkeiten, möglicherweise einer solchen, sich nicht mehr Schuhe für die Kinder borgen zu müssen.

Ob die Gottesdienstbesucher im Dom von Osnabrück an solche Kleinigkeiten gedacht haben, als sie dafür beteten, dass der Klimawandel die Philippinen verschonen soll?

Anthropozän

und Nachhaltigkeit

In einer Sendung des Schweizer Fernsehens, der Sternstunde Philosophie, sagte der Wachstumskritiker und Direktor der Stiftung ›FuturZwei‹, Harald Welzer, dass er begonnen habe Geschichten darüber zu erzählen was geht, gehen könnte.[1][2][3]

In Hinblick auf reale Möglichkeiten wohlgemerkt und dass es wichtig sei, dass wir wieder lernen, über unsere Handlungsspielräume Rechenschaft abzulegen. Mit positiven Beispielen oder Erzählungen soll den Menschen ein Horizont gezeigt werden, nach dem es sich zu streben lohnt. Nun, genau genommen ist das ein alter Hut, mit dem Wecken von Hoffnungen lassen sich Menschen eher begeistern und in eine gewünschte Richtung leiten, als mit dem Schüren von Angst. Am besten funktioniert es natürlich, wenn man beides miteinander kombiniert.

Da Welzer von Handlungsspielräumen spricht, also im Plural, und von Rechenschaft ablegen, haben wir es mit der Imagination von Zukünften zu tun. Auch im Plural. Mögliche Zukünfte, keine Utopien. Diese müssen sich ja nicht darum kümmern, was geht, was machbar ist. Handlungsspielräume abzuchecken, versuchen herauszufinden was geht, gehen könnte, sind sozusagen Visionen im Möglichkeitsraum. Nun getraut man sich heute ja kaum noch das Wort ›Vision‹ auszusprechen, nachdem Helmut Schmitt mit seinem dummen Ausspruch: „Wer Visionen hat, soll zum Arzt gehen." ständig von denen zitiert wird, die sich lediglich eine Fortschreibung der Gegenwart vorstellen können. Eine Vision ist das Vorstellbare, und im Sinne Welzers, das praktisch Machbare, in eine positive Erzählung verpackt.

Nun gehört Welzer zu den Ökos, die gleichzeitig Wachstumskritiker sind, das sind nicht alle, einige haben Visionen unter der Annahme, dass sogenanntes grünes Wachstum möglich ist. Wir haben es nämlich zurzeit mit zwei grünen Hauptströmungen zu tun, die sich lediglich einig in der Frage der Ressourcen und der Senken sind. Unter Senken verstehen sie die Aufnahmekapazität der Erde von Abfallprodukten der menschlichen Zivilisation. Da ist als Erstes das CO_2 zu nennen, dessen Anteil in der Atmosphäre ständig steigt, und man davon ausgeht, dass dadurch eine Veränderung des Klimas herbeigeführt wird. Auf diese Diskussion, was davon nun stimmt und was nicht, will ich hier nicht eingehen, die Klimawandeldebatte ist vergiftet und für diese Betrachtung hier nicht relevant. Beide Hauptströmungen der Ökos gehen von einem Problem diesbezüglich aus, nur dass soll uns hier interessieren. Es ist natürlich nicht nur der Klimawandel, um den es geht, sondern als übergeordnetes Thema die Nachhaltigkeit. Dafür wurde der Begriff ökologischer Fußabdruck kreiert, der, aus Sicht der Ökos, die Übernutzung des Systems Erde verdeutlicht.

Diese Vorstellungen sind Mainstream geworden und werden von der Mehrheit in der Gesellschaft geteilt. Sie finden sich in der AfD bis zu den Linken, in den Kirchen genauso wie in den Gewerkschaften, und mal mehr, mal weniger deutlich artikuliert. Sie haben ihre Wurzeln in der Romantik genauso wie in der Kapitalismuskritik oder der Kritik an der Moderne. Je nach politischer Ausrichtung treten mal die einen, mal die anderen Gründe in den Vordergrund. Die Kritik an diesem Mainstream ist daher bislang wenig wirkungsvoll, weil sie immer nur jeweils eine Annahme aus dem Prinzip Nachhaltigkeit ins Visier nimmt, und selbst wenn es gelingt diese eine Annahme zu erschüttern, so wächst sofort eine andere Annahme nach. Wie bei ein Krake, schlägt man ihm eine Tentakel ab, wächst sie auch wieder nach, außerdem haben sie mehrere, und der Verlust einer kann von den anderen kompensiert werden. Der Krake, der die Gesellschaft befallen hat, der sie lenkt, ist das Prinzip Nachhaltigkeit, die Tentakel heißen Klimaschutz, Ressourcen, Senken, Verteilungsgerechtigkeit, ökologischer Fußabdruck und so weiter.

Man kann und muss dieses Prinzip Nachhaltigkeit hinterfragen und Alternativen dazu entwickeln, nur wird es nichts am gesellschaftlichen Mainstream ändern. Noch nicht. Wahrscheinlich werden Vorstellungen dieser Art niemals in der gesellschaftlichen und politischen Bedeutungslosigkeit verschwinden, weil eben die Assoziationen mit diesem Begriff so positiv sind. Damit sind wir bei der Wirksamkeit des Positiven, wie von Harald Welzer angedeutet. Schon in einem Gespräch mit einem anderen Wachstumskritiker, Hermann Ott, als dieser von einer Heuristik der Furcht schwadronierte, hielt Welzer entgegen, dass positive Bilder gebraucht werden, will man die Menschen bewegen.[4]

Die beiden grünen Hauptströmungen, die natürlich nicht auf die Partei gleichen Namens beschränkt sind, haben als Grundannahme, dass die Menschen den Planeten Erde übernutzen und leiten daraus die Prophezeiung ab, dass es zur Katastrophe kommen muss, weil irgendwann Ressourcen und Senken erschöpft sind. Vielleicht nicht die große Katastrophe, so doch zumindest viele kleine. Das Erdsystem kippt, gerne wird in diesem Zusammenhang auch von Kipppunkten gesprochen. Zwei Visionen resultieren aus dieser Annahme, die eine ist eben die von ›grünen Wachstum‹ die andere spricht von der ›Suffizienz‹, also nur ein weniger von allen, eine neue Genügsamkeit, würde die Lösung bringen. In der politischen Praxis und der gesellschaftlichen Diskussion sind natürlich Mischformen aus diesen beiden Visionen, die sich ja eigentlich gegenseitig ausschließen, zu finden.

Diese Grundannahme, von der Übernutzung der Erde, hat uns in eine ideologische Sackgasse geführt, die uns nun in allen Entscheidungen eine moralische Handlungsanweisung gibt, und uns gleichzeitig dadurch den Blick auf Visionen im Möglichkeitsraum versperrt, die nichts mit dem Prinzip Nachhaltigkeit im beschriebenen Sinne, also im Hinblick auf Ressourcen und Senken, zu tun haben. Das Wort Anthropozän macht die Runde und ist hauptsächlich negativ konnotiert.[5]

Wir müssen allerdings noch mal einen Blick auf die Nachhaltigkeit werfen, so wie dieser Begriff heute verstanden wird. Freilich gibt es Fundamentalisten, die jegliche Eingriffe des Menschen in die Natur als Frevel betrachten, doch aus dieser Sichtweise resultiert nur eine Vision im Möglichkeitsraum, nämlich die des Verzichts auf so gut wie alle zivilisatorischen Errungenschaften, von der Technik bis zur Gesellschaftsform, und ein zurück zur Jäger- und Sammlergesellschaft, in eine Zeit also vor der neolithischen Revolution. Diesen Fundamentalismus vertreten natürlich nur ein paar wenige, dennoch darf dieses Idealbild nicht unterschätzt werden, man weiß sehr wohl, dass dieses realitätsfern ist, doch als Idealbild des Menschen in seiner Umwelt geistert es durch Köpfe und beeinflusst somit auch das Denken. Ressourcen und Senken sind nun die Begriffe, die die Nachhaltigkeitsdiskussion im Kern ausmachen, die einen Ausweg aus der fundamentalistischen Position anbieten. Es wird akzeptiert, dass der Mensch in die Natur eingreift, dafür werden aber nun Belastungsgrenzen definiert. Das System Erde wird nicht als eine Summe dynamischer Prozesse gesehen, sondern eher als ein System Organismus, wie etwa der menschliche Körper. Bis zu einem gewissen Grade verträgt er Schadstoffe. Was Leber und Nieren bewältigen können, bestimmt die Grenzen der Belastung. Sinnbildlich.

Die Erde allerdings, ist aber ein System, auf das das fälschliche Bild eines Organismus nicht passt, das Prinzip Nachhaltigkeit somit in der Betrachtung zu Trugbildern führt. Der Philosoph Norbert Bolz meinte in einer anderen Sendung der Reihe Sternstunde Philosophie, dass[6]

> *„unsere Welt eine Welt von komplexen Systemen ist, mit einer sehr eigenen Dynamik, die auf jeden Fall nicht auf diese wunderbaren Gleichgewichtsmodelle zurückzuführen ist."*

Nachhaltigkeit demzufolge ein Mythos ist, aber, auch diesen Spruch verdanken wir Norbert Bolz:[7]

> *„Der Mythos ist die Matrix des Weltbildes."*

Nun haben wir aber diesen Mythos Nachhaltigkeit, doch über dessen prinzipielle Unmöglichkeit im System Erde soll hier ebenfalls nicht weiter gesprochen werden, wenngleich ich mir eine breite Diskussion darüber wünschen würde. Betrachten wir also den Mainstream und dessen Vorstellung von einem ökologischen Fußabdruck, der nichts anders ist, als die Versinnbildlichung der Grenzen von Ressourcen und Senken.

In diesem Mythos hat sich die Gesellschaft verrannt, er ist Mainstream, weshalb Visionen im Möglichkeitsraum nur unter dem Blickwinkel der Nachhaltigkeit wahr genommen werden. Wie beispielsweise das ›grüne Wachstum‹ oder die Suffizienz unter strikter Beachtung des ökologischen Fußabdrucks. Doch, selbst wenn wir diesen Mainstream respektieren wollen, so ist es doch im Jahre 43 nach dem Pamphlet ›Die Grenzen des Wachstums‹ Zeit, Rechenschaft abzulegen, nicht nur welche Prophezeiungen sich als falsch erwiesen haben, sondern darüber was geht, was möglich ist. Die spannende Frage, die sich hier stellt, ist, gibt es Umweltschutz auch ohne den Mythos Nachhaltigkeit?

Über kurz oder lang wird diese Frage nicht

nur einige wenige Menschen beschäftigen, sondern die ganze Gesellschaft, weil es technische Entwicklungen gibt, wie auch wirtschaftliche und politische, in einer multipolaren Welt, in der die dringendsten Fragen nicht solche der Nachhaltigkeit, sondern die danach sind, wie Existenz und Leben in Einklang mit den Bedürfnissen der Menschen gebracht werden können. Nicht nur dort, wo Wohlstandsverdrossenheit solche geradezu romantische Vorstellungen von Suffizienz kreiert, sondern vor allem im Rest der Welt, wo Menschen erst mal zu Wohlstand kommen möchte. Die Wirtschaftsflüchtlingsströme rund um den Planeten lassen erahnen, um was es der Mehrzahl der Menschen geht. Die wollen erst einmal etwas von dem abhaben, was hierzulande als normaler Lebensstandart gilt.

Will man vor diesem Hintergrund Rechenschaft über Visionen im Möglichkeitsraum ablegen, stellt man schnell fest, mit dem Prinzip Nachhaltigkeit lässt sich das nicht vereinbaren. Letztlich ist Nachhaltigkeit eine Vergeudung von Ressourcen, solche nämlich welche Menschen dazu befähigt, eine Verbesserung sowohl ihrer Situation, als auch der von Anderen möglich zu machen. Nachhaltigkeit als Matrix des Weltbildes verhindert Visionen im

Möglichkeitsraum zu entwickeln, die optimal auf die Bedürfnisse von Menschen ausgerichtet sind. Dazu gehört freilich auch eine gesunde, vielleicht natürliche, Umwelt. Diese ist aber vom Menschen gestaltet, so wie es heute auch schon ist, die Wildnis gibt es nicht mehr. Sie existiert eben auch nur noch in romantischen Vorstellungen oder partiell in Naturreservaten. Die natürliche Umwelt des Menschen ist die, die er sich selbst schafft. So ist das seit der neolithischen Revolution. Das heißt, wir müssen trennen zwischen Gebieten der Menschen und solchen die Naturreservaten gleich kommen. Letztere sind ein Luxus, den sich Menschen erlauben können, die bereits einen gewissen Wohlstand erreicht haben.

Nun müssen wir aber nicht das Kind mit dem Bade ausschütten und meinen, Natur- oder Umweltschutz sei grundsätzlich unnötig, das ist es keinesfalls. Wie dieser Umweltschutz aussehen könnte, wurde nun in einem Papier mit den Namen ›An Ecomodernist Manifesto‹ vorgestellt.[8] Thilo Spahl titelt seinen Beitrag darüber im TheEuropean mit ›Ökobewegung 2.0‹.[9] Der Kernpunkt dieser neuen Ökobewegung ist nicht mehr ein ›Zurück zur Natur‹, wie es als Utopie in den Köpfen der alten Ökos herum geistert, sondern genau das Gegenteil: ›Entkoppelung von der Natur‹. Zwei Begriffe ziehen sich durch dieses Manifest, welche den Öko- und Nachhaltigkeitsromantikern die Zornesröte ins Gesicht treiben wird: Intensivierung und viel Energie. Aquakulturen, Intensivierung der Landwirtschaft, Urbanisierung gehören zum ersten Punkt, zum zweiten, Kernkraft, neue effizientere Solarzellen und Meerwasserentsalzung. Um aber ein umfassenderes Bild von diesem Manifest zu bekommen, sollten wir uns ein paar weitere Aussagen daraus anschauen:

> *Ein gutes Anthropozän ist eines, dass seine wachsenden technologischen, sozialen und soziale Kräfte besser nutzt um die Lebenssituation der Menschen zu verbessern, um das Klima zu stabilisieren und die natürliche Umwelt zu schützen.*

> *Städte nehmen nur ein bis drei Prozent der Erdoberfläche ein, und sind dennoch die Heimat von fast vier Milliarden Menschen.*

> *Urbanisierung, Aquakulturen, Intensivierung der Landwirtschaft, Kernkraft*

und Entsalzung sind Prozesse mit dem Potential den Einfluss der Menschen auf die Natur zu reduzieren.

Angesichtes der aktuellen Trends, ist es gut möglich, dass das Bevölkerungswachstum in diesem Jahrhundert seinen Höhepunkt erreicht und dann beginnt zu sinken.

Insgesamt betrachtet, wird der gesamte menschliche Einfluss auf die Umwelt, einschließlich Landnutzung, Übernutzung und Verschmutzung, in diesem Jahrhundert zurückgehen. Durch die Unterstützung dieser Prozesse, haben Menschen die Möglichkeit auch Entwicklungsländern modernen Lebensstandart zu ermöglichen und somit die Armut auf der Welt zu beenden, bei gleichzeitiger Renaturalisierung weiter Teite der Umwelt.

Die Entkopplung der menschlichen Wohlfahrt von Umweltauswirkungen erfordert ein nachhaltiges Engagement für den technologischen Fortschritt.

Dies soll als Einstimmung genügen. Die

Ecomodernisten sind keine Skeptiker in der Klimawandeldebatte, auch sie gehen von der Notwendigkeit eines Klimaschutzes aus, relativieren diese Aufgabe allerdings, in dem sie erkennen, dass es keine Priorität sein kann, das Klima zu schützen, wenn dabei die Menschen vernachlässigt werden. Doch die entscheidende Frage ist, was bleibt noch von den Nachhaltigkeitsvorstellungen aus der derzeitigen Öko-Debatte übrig. Fast nichts, außer der Worthülse. Statt alle Entwicklung unter der Überschrift ›Energieeinsparung‹ zu versammeln, meinen sie genau das Gegenteil, wir brauchen viel und billige Energie um Intensivierungsprozesse in Gang zu bringen, die dann letztlich zu einem geringeren Flächenverbrauch führt, um eine großzügige Re-Naturalisierung vornehmen zu können, gemäß dem Motto: Gebt der Natur so viel Raum wie möglich, und nutzen wir die Fläche die wir für uns brauchen so intensiv wie möglich.

„Die Vision der Ökomodernisten,“ so schreibt Thilo Spahl, „zeigt uns eine menschengemachte und somit also künstliche Welt, die globalen Wohlstand ermöglicht. Und eine Natur, die dem Menschen nicht mehr zur Ausbeutung, sondern zum Wohlgefallen dient.“ Der Schlüssel dazu, der dieses Tor zur

Zukunft öffnen kann, heißt: viel und billige Energie für alle. Nur so können die Intensivierungsprozesse in Gang gesetzt werden, die letztlich zu weniger Naturverbrauch und Schadstoffeintrag führen.

Dies ist eine neue Vision im Möglichkeitsraum, mit der sich die Vertreter des grünen Wachstums anfreunden könnten, wenn es ihnen denn gelingt ein wenig Abstand vom Nachhaltigkeitsmythos zu gewinnen, doch vor allem, ihre nicht selten vorhandene Kritik an der Moderne und am Kapitalismus zu überdenken. Den Wachstumskritikern allerdings, mit ihren romantischen Suffizienz-Narrativen, denen wird man mit dieser neuen Vision keinen Ausweg aus ihren dystopischen Weltbildern bieten können. Die bilden sich nämlich nur ein, eine Vision zu haben, es ist in Wirklichkeit eben eine negative Utopie, auch als Dystopie zu bezeichnen, und nichts was in einen Möglichkeitsraum passt. Wir sollten beginnen Rechenschaft über unsere Handlungsspielräume abzulegen. Solche mit dem Ziel Suffizienz gehören nicht dahin.

Das Anthropozän der Ökomodernisten erzählt eine Geschichte darüber, was geht, was möglich ist. Wir müssen nur die ideologische Sackgasse, in welche die Gesellschaft von

Wachstumskritikern, grünen Romantikern, sozialistischen Romantikern und Kapitalismusgegnern geführt wurde, wieder verlassen. Selbst diejenigen die dem Mythos Nachhaltigkeit verfallen sind, dürften sich mit diesem Anthropozän anfreunden können. Es wäre lediglich die Trennung von der Vorstellung notwendig, dass die Zukunft eine Energiesparversion der Gegenwart ist. Das ist mit positiven Geschichten darüber durchaus machbar und ein Weg aus der Sackgasse wäre offen.

- - - - -

1   Sternstunde Philosophie vom 29.03.2015
     Der deutsche Kapitalismuskritiker Harald
     Welzer sieht die Freiheit bedroht. Deshalb
     ruft er zum kreativen Widerstand auf – gegen
     Wachstum, Konsum und Überwachung. Barbara Bleisch spricht mit dem Soziologen über
     subtile Zwänge und die schwindende
     Selbstverantwortung der Bürgerinnen und
     Bürger.
     <http://www.srf.ch/sendungen/sternstunde-philosophie/harald-welzer-unsere-freiheit-ist-bedroht>

2   FuturZwei – Stiftung
     Eine andere, zukunftsfähige Kultur des Le-

bens und Wirtschaftens entsteht nicht durch wissenschaftliche Erkenntnisse oder moralische Appelle. Sie wird in unterschiedlichen Laboren der Zivilgesellschaft vorge-lebt und ausprobiert. ... FUTURZWEI macht es sich zur Aufgabe, dieses Anfangen gesellschaftlich sichtbar und politisch wirksam zu machen. <http://www.futurzwei.org>

3   Wikipedia: Harald Welzer
Harald Welzer (* 27. Juli 1958 in Bissendorf bei Hannover) ist ein deutscher Soziologe und Sozialpsychologe.
<https://de.wikipedia.org/wiki/Harald_Welzer>

4   Das Vorstandsmitglied der Heinrich-Böll-Stiftung, Ralf Fücks, bezeichnet in einem WiWo-Talk die Vorstellungen von Wachstumsgegnern als „grünen Morgenthauplan" und propagiert dagegen ein sogenanntes ›grünes Wachstum‹. Wachstumsgener gehen dagegen davon aus, dass dies ebenso naturzerstörerisch sei, wie normales Wachstum. Dieser Disput ist bislang unter der grünen Bewegung weit von einer gemeinsamen Lösung entfert, wird aber öffentlich kaum thematisiert.
<http://www.wiwo.de/technologie/umwelt/themenwoche-talk-streitgespraech-brauchen-wir-eine-gruene-revolution/8301514.htm>

5   Wikipedia nennt als Schöpfer dieses Begriffes
     den italienischen Geologen Antonio Stoppani.
     Heute wird für Anthropozän, in der
     politischen Debatte, hauptsächlich die von
     Paul Crutzen geprägte Interpretation verwen-
     det. Er sagt im Wesentlichen aus, dass die
     Handlungen der Menschen ein neues Erdzeit-
     alter hervorgerufen haben und bringen dies
     mit einer angenommenen Übernutzung der
     Ressourcen in Verbindung.

6   SRF: Norbert Bolz: Der Mut zur eigenen Mei-
     nung (Erstausstrahlung der Sendung am
     09.03.2014)
     Norbert Bolz: „Aber das interessant ist eben
     gerade, dass der Grundgedanke der GRÜ-
     NEN, nämlich es gäbe eine Balance zwischen
     Gesellschaft und Umwelt im Sinne von Natur,
     dass der sich nicht verträgt mit der Theorie
     komplexer Systeme. Das auszusprechen ist
     eigentlich Sache von Wissenschaftlern, würde
     ich sagen."
     <http://www.srf.ch/sendungen/sternstunde-
     philosophie/norbert-bolz-der-mut-zur-eigenen-
     meinung>

7   Norbert Bolz, Eine kurze Geschichte des
     Scheins, Wilhelm Fink Verlag 1991
     „Der Mythos ist die Matrix des Welbildes - er
     erstellt ein Bild von der Welt und umstellt die

Welt mit Bildern.“

8   An ECOMODERNIST MANIFESTO
       We offer this statement in the belief that both
       human prosperity and an ecologically vibrant
       planet are not only possible, but also insepa-
       rable. By committing to the real processes, al-
       ready underway, that have begun to decouple
       human well-being from environmental de-
       struction, we believe that such a future might
       be achieved. As such, we embrace an optimi-
       stic view toward human capacities and the fu-
       ture.
       <http://www.ecomodernism.org/>

9   Thilo Spahl im TheEuropean: Ökobewegung
       2., erschienen am 27.05.2015
       „Die Ökologiebewegung leidet darunter, dass
       der sogenannte Klimaschutz alles dominiert
       und die falsche Idee von den Grenzen des
       Wachstums nicht totzukriegen ist. 18 Wissen-
       schaftler und Umweltschützer aus dem Um-
       feld des amerikanischen Breakthrough Insti-
       tute versuchen nun mit ihrem Manifest, wie-
       der etwas Bewegung in die Debatte zu be-
       kommen.“ <http://www.theeuropean.de/thilo-
       spahl/10060-neue-oeko-bewegung-
       ecomodernists>

Von Kämpfern und Richtern

Ist schon interessant, wie hartnäckig die Energiewende verteidigt wird. Im Faktencheck sieht es ja recht mau aus, was schon daran ersichtlich ist, dass niemand dem Beispiel Deutschlands folgt. Profiteure und Lobbyisten haben natürlich ihre eigenen Gründe, warum sie argumentieren, wie sie argumentieren. Die Rede von einer Vorreiterrolle dient nur zu deren Verschleierung.

Ständige Flickschusterei am Gesetz, um die schlimmsten Auswüchse zu begrenzen, auch die ökologischen, lassen eine Vorreiterrolle immer mehr als schlechtes Beispiel erscheinen. Da man aber die ganz große Karte gespielt hat, gleich auf Weltrettung gemacht hat, kann man nun nicht mehr zurück, da die Gefahr besteht, dass eine ganze Ideologie, ein ganzes Weltbild, ins Wanken gerät. Das ist halt das Problem, wenn Feindbilder zur Erklärung der eigenen Weltsicht in den Vordergrund gestellt werden, dann ist nämlich das Ziel nicht mehr, eine pragmatische Lösung für ein angenommenes Problem zu finden, sondern die Bekämpfung des Feindbildes.

Der Feind muss zerstört werden, das ist die Hautaufgabe, das Gegenwärtige überwunden werden, damit die schöne neue Welt der ›Erneuerbaren‹ seine Wirkung entfalten kann. Wenn wir diese Vorgänge mal ein wenig abstrakt betrachten, danach suchen, wo und wie die gleichen Mechanismen in Gesellschaften wirksam wurden, dann finden sich die Parallelen in totalitären Regimen oder Ideologien, in fundamentalistischer Religionsausübung, und damit letztlich bei der Gut-Böse-Unterscheidung. Das Urteilen danach, was denn nun Gut und was Böse ist, geschieht dann immer mit der Festlegung auf den eigenen Standpunkt. Der ist immer das Gute.

Für das Urteilen in Gut und Böse braucht es keine Sachkenntnis, wie Canetti meint, selbst diejenigen, „die niemand bei gesunden Sinnen", so schreibt er weiter, „dazu bestellen würde, nehmen sich unaufhörlich Urteile heraus, auf allen Gebieten." Das Problem dabei ist, das diejenigen die sich zum Richter über Gut und Böse aufschwingen, dies nicht tun, indem sie abwägen, Argumente wie Ideologien, und bei dieser Abwägung nach pragmatischen Lösungen suchen, sondern die Festlegung auf Gut und Böse ist bereits geschehen und unabhängig von Argumenten. Jetzt geht es nur noch um die Vernichtung des Gegners.

Nach pragmatischen Lösungen sucht aufseiten der Energiewendebefürworter schon lange keiner mehr, es geht um die Vernichtung des Gegners. Erst danach wird die schöne, neue, gute Energie ihre segnende Wirkung entfalten können, davon ist man überzeugt. Deshalb stehen bei denen, die die Energiewende so vehement verteidigen, nicht die pragmatischen Lösungen im Vordergrund, sondern der Kampf.

Die Grünen und der Papst

Wenn Papst Franziskus nun für seine ›Enzyklika‹ bejubelt wird, vor allem von den Grünen, dort vor allem von den Wachstumskritikern, dann zeigt dies deutlich die Ver(spieß)bürgerlichung von Protestbewegungen an. Viel mehr noch ist es aber ein Versagen linker sowie liberaler Ideologie, denen ist es nämlich nicht gelungen ist, den Menschen eine Vision zu geben. Beim Liberalismus liegt das in der Natur der Sache, der wirkt zu abstrakt, und wird erst dann schmerzlich vermisst, wenn Menschen unter totalitären Ideologien zu leiden beginnen. Die Linken leiden noch am Experiment Sozialismus, welches zwar den Menschen im Mittelpunkt hatte (wenngleich das Individuum nichts zählte), welches aber krachend gescheitert ist. Geblieben davon ist eine diffuse Kapitalismuskritik, die nun mit der konservativen Kapitalismuskritik, wie sie in der Romantik der 19. Jahrhunderts deutlich wurde, und der Kritik an der Moderne, zusammen wächst.

Auffällig ist halt, dass dort wo die Linken noch eine Versprechung auf eine bessere

Zukunft abgeben, dies in Verbindung mit nationalen oder nationalistischen Narrativen tun. Siehe Spanien oder Griechenland oder auch in Südamerika. Das passt natürlich den Grünen nicht wirklich, die immer noch an den Träumen von der Überwindung des Nationalstaates anhängen, weshalb gerade der internationale Katholizismus sich als exzellentes Vehikel für ihre Romantik und ihre Kapitalismuskritik anbietet, weil er eben weitestgehend frei ist von nationalen Narrativen.

Auf der anderen Seite ist es aber auch ein Zeichen von Hilflosigkeit, wenn nun für etwas, was den Anschein von Wissenschaftlichkeit hat, oder sich wenigstens so gibt – die Warnung vor der Klimakatastrophe – Religion als Vermittler gebraucht wird. Der Papst kann ja aus seiner Theologie ableiten, was er will – genau das tut er ja auch, wenn er sich auf Franz von Assisi beruft und von Mutter Erde spricht. Hier sieht man auch eine eigenartige Übereinstimmung zu Leuten wie beispielsweise den Sozialdemokraten Michael Müller, Mitglied in diversen NGOs, der in der Enquete ›Wachstum‹ mehrfach von ›Mitwelt‹ statt ›Umwelt‹ sprach, also von einer Entkoppelung von Mensch und Natur warnt, praktisch genauso wie es der Papst jetzt tut. Müller und andere sprechen ebenfalls von ›Naturvergessenheit‹, prangern diese als ein Resultat der Modere an, was es zu überwinden gilt.

Unterm Strich also, findet hier nun etwas zusammen, was seine Wurzeln weniger in der Religion oder der Wissenschaft hat, sondern in der Kritik an der Modere. Wissenschaft und Religion sind nur die Kulissen, eigentlich ist es Sehnsucht nach einer Naturromantik, die beide, Papst wie Grüne, ins gleiche Boot steigen lässt. Wer aber deren Vorstellungen nicht teilt, wofür es viele gute Gründe gibt, dem wird Naturvergessenheit unterstellt. Der eigentliche Gegensatz lautet nicht, mehr oder weniger Klimaschutz, mehr oder weniger Umweltschutz, sondern Naturromantik gegen Aufklärung und Moderne.

- - - - -

1   Enzyklika ›Laudato si' von Papst Franziskus. ›Über die Sorge für das gemeinsame Haus‹. Gegeben zu Rom, Sankt Peter, am 24. Mai, dem Hochfest von Pfingsten im Jahr 2015, dem dritten meines Pontifikats. Franziskus <http://w2.vatican.va/content/francesco/de/e ncyclicals/documents/papa-francesco_20150524_enciclica-laudato-

si.html>

Graffiti, Windmühlen und die Beherrschung des Raumes

Kinder schon beginnen ihre Spielsachen zu kennzeichnen, schreiben mit einem Edding ihren Namen irgendwo auf die Puppe oder das Auto, selbst dann, wenn völlig klar ist, es kann keine Verwechslung geben. Dies ist mein, meine Puppe, mein Auto, mein Spielzeug – immer ist dies die Aussage einer Kennzeichnung. Ich habe es in Besitz genommen. Bei Erwachsenen ist es nicht viel anders, Dinge die sie besonders wertschätzen werden gekennzeichnet. Autos beispielsweise, durch die Wahl von eigenen Ziffern- und Zahlenkombinationen fürs Nummernschild. Das Namensschild an der Haustür oder Pforte dient nicht nur der Information, wer hier lebt, sondern zeigt einen Hoheitsbereich an: Ab hier gelten die Regeln der Bewohner dieses Hauses. Staatsgrenzen haben eine ähnliche Funktion.

Nein, lieber Leser, ich will jetzt hier nicht die Flüchtlingsfrage thematisieren, das fällt nicht leicht, bei den vielen Metaphern die sich aufdrängen; mir geht es aber erst mal nur um die Kennzeichnung von Dingen oder Räumen. Und auch um die Interaktion zwischen den Dingen, Räumen und den Kennzeichnungen.

Gekennzeichnete Dinge verändern nämlich den Charakter des Raumes in dem sie sich befinden. Manche Tiere markieren ihren beanspruchten Raum mit Duftmarken, Menschen tun im Prinzip das Gleiche, in dem sie Dinge so platzieren, dass sie in den Raum hinein wirken. Eine scheinbar achtlos auf dem Sofa zurück gelassene Puppe verändert den Charakter des Raumes: Dies ist auch mein Bereich, sagt die Tochter damit, ohne es zu wissen. Ich beanspruche dieses Sofa genau wie alle anderen in diesem Haus und lasse mich nicht ins Kinderzimmer einschließen.

Die Inbesitznahme von Räumen geschieht durch gekennzeichnete Dinge die entsprechend platziert werden. Schon immer. Irgendwelche in Stein geritzte Graffiti aus längst vergangenen Jahrtausenden sagen dies ebenso. Freilich wachsen derartige Kennzeichnungen manchmal über sich selbst hinaus, bekommen künstlerische Bedeutung, denken wir nur an die Höhlenmalereien von Lascaux. Oder an Kirchtürme und repräsentative Gebäude, die nicht nur einen Zweck erfüllen und einen Innenraum vom Außenraum abgrenzen, sondern in den Außenraum hinein wirken und ihn beanspruchen. Genau das ist ja auch eine der Hauptaufgaben von beispielsweise Kirchtürmen oder Minaretten, sie sollen nach außen wirken, den Raum in Besitz nehmen, ihn bestimmen.

Immer ist damit die Machtfrage verknüpft: Hier sind wir stark, hier gelten unsere Regeln und Werte. Die Plätze, von denen aus man einen Blick auf diese Gebäude hat, sind dann nicht mehr die gleichen wie vorher. Sie werden bestimmt vom Macht- und Deutungsanspruch beispielsweise des Kirchturms, des Theaters, des Museums. Dringen Menschen in diesen beherrschten Bereich ein, solche die sich den Deutungen des Gebäudes widersetzen oder die sie anzweifeln, führt das regelmäßig zu Irritationen. Ob Semperoper, der Kölner oder der Erfurter Dom, sie fühlen sich besudelt, wenn in ihrem Schatten Demonstrationen stattfinden die sie nicht selbst initiiert haben. Man mag hier einwenden, dass es ja nicht die Gebäude selbst sind, die Macht ausüben, sondern nur die Menschen die sie repräsentieren, doch das ist so richtig wie belanglos. Das Phänomen wird deutlicher, wenn wir die Macht dem Gebäude zuordnen, weil es ein Kampf um den Raum ist. Die Puppe auf dem Sofa ist eine Demonstration für den Anspruch auf den Raum. Ich setze die Puppe auf ein Kissen, lege eine Decke über die Füße, und sage damit, sie ist hier willkommen. Der Erfurter Dom oder die Semperoper schalten ihr Licht aus und drücken damit ihre Missbilligung darüber aus, dass von ihnen beanspruchter Raum missbräuchlich genutzt wird.

Nun haben wir es bei den eben beschrieben Räumen ja mit etwas zu tun, was wir vorfinden und geklärt scheint, wer wo welche Macht- und Deutungshoheit hat. In Wirklichkeit aber ist dies nichts Statisches, sondern immer Veränderungen und geradezu evolutionären Entwicklungen unterworfen. Menschen dringen in den Raum ein und versuchen ihn für sich zu erobern. Demos sind so was oder Graffiti an Häuserwänden. Auch dies sind Demonstrationen gegen die Macht der Fassade die mit ihrem Geist den Raum beherrscht.

Zuerst werden die Graffiti als Schmiererei und Sachbeschädigung angesehen, gehören sie später zum Straßenbild, dann hat sich die Deutungshoheit der Gebäude und Fassaden über den Raum bereits gewandelt. Es geht nie um die Gebäude selbst, bis auf ein paar Farben verändern die sich nicht, sondern um den Raum den sie beherrschen, die Straßen und die Plätze.

Nun, seit ein paar Jahren, hat sich Kampf um den öffentlichen Raum auch auf die Gebiete außerhalb der Städte ausgedehnt: mit neuen sakralen Bauten, den Windrädern nämlich.

Freilich erfüllen sie, theoretisch, auch einen praktischen Zweck. Sie sollen Strom produzieren. Wie sinnvoll dieses Konzept aus physikalischer oder ökonomischer Sicht ist, will ich gar nicht besprechen, sondern nur wie es auf Menschen wirkt: so wie der Kirchturm, das Minarett oder das Theater in den öffentlichen Raum hinein wirkt, den Charakter der unmittelbaren Umgebung prägt, so wirken die Windräder auch. Sie werden in erster Linie nicht als Industriebauten, sondern als Sakralbauten wahr genommen, es sind kultische Gebilde und werden daher von der einen Seite ebenso leidenschaftlich abgelehnt, wie von der anderen befürwortet.

Der Kult übernimmt den Raum, die Landschaft lässt sich nicht mehr betrachten, ohne mit dem Kult konfrontiert zu werden; sie verliert ihren eigenen Charakter, ihre Erhabenheit ist nun einer neuen Kultur untergeordnet.

Dass diese Gebilde hässlich sind, dass man von Verspargelung der Landschaft spricht, ist nur ein erster oberflächlicher Eindruck und wird subjektiv verschieden empfunden. Jeder aber spürt, hier wurde der öffentliche Raum in einem bisher nie dagewesenen Umfang in Anspruch genommen. Das ist nicht mehr nur wie einzelne Graffiti, die die bisherige Deutungsmacht einer Fassade infrage stellen, sondern vergleichbar mit der Umgestaltung einer ganz Stadt. Etwa wie Albert Speer Berlin umgestalten wollte, eine neue Ideologie und eine neue Weltanschauung in Architektur gießen, damit die absolute Deutungshoheit über den Raum erreichen wollte, so ist das nun mit den Windrädern gelungen.

Mag sein, dass dies gar nicht so beabsichtigt oder bedacht worden ist, es also nicht einem subtilen Plan geschuldet ist, der, wie Speers Germania, gewissermaßen auf dem geistigen Reißbrett entstanden ist – doch das Ergebnis ist das gleiche. Das ganze Land wird mit neuen Sakralbauten überzogen und erinnert uns bei jedem Blick in die Landschaft, wer den öffentlichen Raum beherrscht. Sämtliche Kirchtürme, Minarette, Schlösser, Burgen oder Theater müssten vor Neid erblassen, angesichts der gigantischen Umdeutung von Heimat und Landschaft. Nie hätten die sich träumen lassen, dass man so große Räume beherrschen kann.

Mit den Windmühlen wurde das Land gekennzeichnet: Dies ist jetzt unser Land, sagen
damit die welche die Windräder anbeten.

Antonio Gramsci

und die Zivilgesellschaft

So so, es gibt also nun ein Projekt Klimakunstschule, bei dem Jugendlichen das Thema Klimaschutz über die Kunst nahe gebracht werden soll.[1] Per Twitter bin ich darauf aufmerksam gemacht worden, bezeichnenderweise durch einen Retweed des Bundesministeriums für Umwelt, Naturschutz, Bau & Reaktorsicherheit (BMUB).

Zuerst musste ich lächeln, was für eine Kunst soll den da raus kommen? Bestenfalls wird es peinlich, was regelmäßig geschieht, wenn Politiker Kommentare zu Kunst und Kultur abgeben, beispielsweise als der damalige Umweltminister Altmaier Energiewende-Kunst vorstellte.[2] Dann aber, als das erste Lächeln verflogen ist, kommt mir Antonio Gramsci in den Sinn, und in diesem Moment, das darf ich versichern, ist mir das Lachen vergangen.[3] Wer glaubt, bei dieser Klimakunstschule geht es auch nur im Entferntesten um Kunst, um irgendwelche künstlerische Dilettanten die ihre Weltsorge ebenso dilettantisch-künstlerisch versuchen auszudrücken, und dadurch eben ein Lächeln bei Betrachtern wie mir hervorrufen, der hat sich getäuscht. Nein, um Kunst geht nicht mal annähernd bei derartiger Kunst. Die Kunst besteht darin, dass die Zivilgesellschaft mit einer Ideologie unterwandert wird, ohne dass diese das richtig ins Bewusstsein bekommt. Wie das zu geschehen hat, die Vorlage dafür liefert eben Gramsci, jener Großideologe der italienischen KP, ein buckliger Zwerg mit einem ewigen Kindergesicht, der die Theorie von der „kulturellen Hegemonie" erfand, wie Pankraz mal meinte.

Ich hatte schon vor ein paar Jahren in einem Kommentar darauf hingewiesen, und in dem Zusammenhang auch die Meinung des Kulturwissenschaftlers Ingo Lauggas erwähnt, dass man als linker Intellektueller an Gramsci nicht vorbeikommt und dass der in 60er und 70er Jahren in linken Kreisen gut bekannt war.[4] Von den Linken unter den Ökos, die in diesen Jahren an den Unis waren, kennt also ein jeder Gramsci und seine Theorie der „kulturellen Hegemonie". Was das bedeutet beschreibt der britische Marxist Terry Eagleton so:[5]

*Für die Macht ist es besser, unsichtbar zu
sein, sich im ganzen Gewebe des sozialen
Lebens auszubreiten und damit in Form
von Gebräuchen, Gewohnheiten, sponta-
nen Praxen ,naturalisiert' zu sein. ...
Ganz grob können wir Hegemonie als
eine ganze Reihe praktischer Strategien
definieren, durch die eine herrschende
Macht den von ihr Regierten Zustimmung
entlockt.*

Soweit linke Gesellschaftstheorien und
-analysen. Wir können davon ausgehen, dass
die Ökologisten und Klimaschützer, sofern sie
linken Kreisen zugerechnet werden, eben
ganz genau diese Strategien kennen und ein-
setzen. Politischer oder wissenschaftlicher
Diskurs wird umgangen, dadurch dass über
die Institutionen der Zivilgesellschaft eine
Deutungshoheit oder eine Hegemonie angestrebt wird. Natürlich auch bevorzugt in
Schulen.

Offensichtlich werden solche Bestrebungen
eben auch durch solche Dinge wie eine Klimakunstschule, deren Kunst ausschließlich
darin besteht, um mich zu wiederholen, dass
die wahre Intention, nämlich die Hegenomie
des Ökologismus, verschleiert wird. Nur geht

das in diesem Fall ein wenig daneben, weil die produzierte Kunst eigentlich nur peinlich wirkt. Zumindest für den, der ein bisschen was von Kunst versteht.

Aber vielleicht, so hoffe ich, gibt es unter den Lehrern noch solche, die den Kindern und Schülern erklären, was wirklich Kunst ist, damit diese nicht auf so billige Propaganda hereinfallen und etwas für Kunst halten, was aber eigentlich nur Ideologie ist. Egal wie sie zum Klimawandel oder zum Klimaschutz stehen. Der Kunst zuliebe, denn gerade dort finden sich immer wieder rebellische Geister die sich jeglichen Hegemoniebestrebungen widersetzen.

- - - - -

1   „Vor der Begegnung mit der Kunst steht die inhaltliche Auseinandersetzung mit dem Thema Klimawandel."
So wird die Herangehensweise der KlimaKunstSchule beschrieben. Am Anfang steht die Ideologie, dann die Kunst. Dies entspricht in etwa dem, was politisch korrekter Kunstunterricht im real existierenden Sozialismus war. Als Ergebnis war meist mehr Propaganda denn Kunst zu sehen.

<http://klimakunstschule.bildungscent.de/pro
gramm/auf-einen-blick/>

2   Der ehemalige Umweltmister Peter Altmaier
    äußerte sich begeistert über ein Bild der
    Künstlerin Elizabeth Weiland, mit dem Titel
    ›Energiewende‹.
    Aus der Pressemitteilung des BMUB vom
    15.15.2013: „Das Bild zeigt ein Atomkraft-
    werk, das an den Rand gerückt ist, zentral
    sind Windräder und Solarmodule erkennbar.
    "All die Elemente, die mich jeden Tag be-
    schäftigen, finde ich in diesem Bild wieder",
    sagte Altmaier."
    <http://www.bmub.bund.de/presse/pressemit-
    teilungen/pm/artikel/saarlaendische-kuenstle-
    rin-malt-energiewende-bild-fuer-bundesum-
    weltminister-altmaier/?tx_ttnews
    %25255bbackPid%25255d=1050>

3   Wikipedia: Antonio Gramsci
    „Für Gramsci stellen die Intellektuellen nicht
    nur Redner oder reine Wissenschaftler dar,
    sondern auch Leiter und Organisatoren der
    gesellschaftlichen Prozesse, die Einfluss auf
    die herrschenden gesellschaftlichen Verhält-
    nisse üben, daher eine bestimmte gesell-
    schaftliche Hegemonie produzieren und
    sichern, über staatliche und ideologische Ap-
    parate wie der Bildung, den Medien, den Par-

teien, Interessensvereinigungen usw."
<https://de.wikipedia.org/wiki/Antonio_Gram-
sci>

4   SdK 50: Ingo Lauggas über Antonio Gramsci
„Ingo Lauggas erklärt in dieser Episode die
problematische Rezeptionsgeschichte der
Gramsci-Werke und warum viel von Hegemonie gesprochen, aber von Gramsci geschwie-
gen wird."
<http://stimmen.univie.ac.at/podcast/sdk50>

5   PERSPEKTIVEN, Magazin für Linke Theorie
und Praxis: ›Herrschaft durch Konsens –
Macht und Politik bei Antonio Gramsci‹
<http://www.perspektiven-online.at/2007/
09/01/herrschaft-durch-konsens-macht-und-
politik-bei-antonio-gramsci/>

Frau Merkel und die

Ordnung im Kanzleramt

Da hat es Frau Merkel doch tatsächlich geschafft, in einer kurzen Rede beim ›Leaders' Roundtable im Rahmen des World Humanitarian Summit‹ am 23. Mai 2016 in Istanbul, zweimal den Klimawandel als Ursache für Konflikte aufzuführen. Glaubt sie tatsächlich, dass die Imagenation von der Klimakatastrophe, was anderes ist es ja nicht, eine Ursache für die Völkerwanderungen ist, die sind und die kommen? Gut möglich, dass sie das tatsächlich glaubt, wer weiß das schon.

Die Lösungswege, mit der sie Konflikte beheben möchte, sind allerdings klar: Vorrangig durch zu schaffende oder bestehende Institutionen. An diese werden die Konflikte weiter gereicht. Erinnert mich ein wenig ans Aufräumen. Alles kommt an seinen Platz und gibts keinen, richtet man einen neuen dafür ein. So sieht dann alles ordentlich aus. Sie will es schön sauber haben, die Hausfrau Merkel.

Doch statt neue Ordner anzulegen, neue

Ablagemöglichkeiten zu schaffen, wäre es angebrachter, ordentlich auszumisten. Dazu gehört der Quatsch mit der Klimakatastrophe. In den Papierkorb damit. Zu lange schon liegt dieser Unsinn auf dem Schreibtisch rum, ist schon in so gut wie jeden Ordner verräumt worden und taucht bei jeder sich bietenden passenden und unpassenden Gelegenheit wieder auf, nur um von Merkel wieder in die Hand genommen zu werden.

Nun soll nach einem Vorbild aus der Versicherungswirtschaft, wie sie in ihrer Rede andeutet, ein Modell geschaffen werden, in dem diese Imagenationen über den Klimawandel ihr Unwesen treiben können. Wieder ein neuer Ordner, einer der Platz wegnimmt und damit letztlich Geld kostet. Eine neue Institution muss her, am besten unter dem Dach der UN, damit ja nicht anderen Hausfrauen einfällt, das Gerede von der Klimakatastrophe in den Müll zu werfen, dahin also wo es hingehört.

Sollte demnächst jemand anderes im Bundeskanzleramt einziehen, so ist zu hoffen, dass derjenige erst mal eine Entrümplungsfirma beauftragt, um all das zu entsorgen, was nur Hirngespinste sind. Zuallererst das Gerede von Klimakatastrophe. Über den Umfang dieser Arbeit sollte sich die Firma keine Illusionen machen; in jeder Ablage, in jedem Ordner findet sich ein Kapitel über den Klimawandel. Die vielen kleinen Helfer der Merkel, alle kommen sie sich besonders wichtig vor, haben fleißig Kopien gemacht und in jede Akte, die es zu öffnen gelang, ein paar Seiten über den Klimawandel eingeheftet. Viele Ordner, Institutionen also, wird man ganz entsorgen können. Das gibt Platz und Luft und einen freien Blick auf die wirklichen Probleme der Zeit. Die sieht man ja vom Kanzleramt nicht mehr, weil alle Fenster mit Ablagen und Ordner verstellt sind. So was passiert eben, wenn man Unsinn nicht konsequent in den Müll wirft. Weg damit, dann wird auch nicht so ein Blödsinn geredet wie von der Merkel in Istanbul. Sie sollte aus dem Fenster schauen, nicht in ihre mit Imagenationen über den Klimawandel oder der Nachhaltigkeit zugemüllten Ordner.

Doch dann müsste sie ja eigene Analysen entwickeln, etwas was sie nie gelernt hat. Sie kann nur verräumen. Es sieht ordentlich aus, im Kanzleramt. Auf den ersten Blick.

- - - - -

1   Rede von Bundeskanzlerin Merkel im Rahmen
        der Plenarsitzung beim World Humanitarian
        Summit am Montag, 23. Mai 2016
        <https://www.bundeskanzlerin.de/Content/DE
        /Rede/2016/05/2016-05-23-merkel-plenarsit-
        zung-whs.html>

Donald Trump und die Rückzugräume der Klimaschützer

Jede Zeit entwickelt ihre eigenen Wichtigkeiten, mit Verfallsdatum, irgendwann drängen sich andere Dinge in den Vordergrund. Doch was mal in der Welt ist, verschwindet nicht einfach wieder, es hat Überzeugungen, Ideologien und Weltbilder geschaffen. Ein kleiner Kern, Canetti spricht vom Massenkristall, bleibt im ursprünglichen Zustand der Erregung und der Selbstwichtigkeit, kann aber immer weniger Mitläufer binden. Diese werden nun orientierungslos und da Mitläufer selbst keine neuen Weltbilder oder Ideologien schaffen können, suchen sie sich einen Rückzugsraum, einen der kompatibel zu den bisherigen Überzeugungen erscheint.

Die Rede von Klimakatastrophe wird von immer weniger Mitläufern gehört, sie hat viel von ihrer Anziehungskraft verloren, was aber nicht heißt, dass die dahinter liegenden Überzeugungen von der Endlichkeit und Begrenzt heit der Dinge aus der Welt ist. Momentan erleben wir einen Wandel von konkreten Ängsten, wie die über das Klima, hin zu mehr diffusen Bildern und weniger klaren Aussagen. Der Impressionismus in Form von Nachhaltigkeitsnarrativen verdrängt die Rede von den Katastrophen, die eher expressionistisch wirken. Natürlich werden Klimaschützer einwenden, dass die Nachhaltigkeit doch die Kernaussage des Klimaschutzes ist, und damit liegen sie sicher nicht falsch. Nur ist die Rede von der Nachhaltigkeit insgesamt so schwammig, dass sich da so gut wie alles hineininterpretieren lässt. Heimat, Identität und Regionalität haben darin genauso Platz wie eher solche Aussagen wie die vom ökologische Fußabdruck. Die allerdings nur auf den ersten Blick konkret erscheint, in Wirklichkeit aber sehr abstrakt ist.

Eigentlich ist Nachhaltigkeit nur wie ein Adjektiv, immer nur beschreibend und ergänzend im Zusammenhang mit einer Sache, doch nie Sache selbst. Eine Hintergrundmusik, ein Begleitchor, doch nichts Themensetzendes.

Gleichzeitig ist sie aber auch ein Rückzugsraum, sollten sich einzelne expressionistische Aussagen als entweder unwahr oder als nicht mehr publikumswirksam zeigen. Und das Publikum sind meist Mitläufer. Was diese anzieht, in entsprechender Quantität, wird auch bestimmend.

Das Narrativ Klimakatastrophe wird über Bilder von einzelnen Bedrohungen von Heimat und Region vermittelt, doch das ist nur ein Hilfsmittel um eine angenommene globale Bedrohung verständlich und erfühlbar zu machen. Über die Bilder wird, so ganz nebenbei und unbeabsichtigt, allerdings für die Bedrohung der Heimat sensibilisiert. Denn anders als mit der Beschreibung von lokalen Veränderungen lässt sich Klimawandel nicht begreifbar machen.

Damit aber werden auch andere Bedrohungen des lokalen Umfeldes aufgewertet. Wie Hohn kommt es dann vor, wenn die Umwelt global geschützt werden soll, beispielsweise durch Windmühlen, aber lokal dabei zerstört wird. Ein Widerspruch der sich nur durch den Hinweis auf die globale Wirkung entkräften lässt, was nun ebenfalls eine gewisse Zweischneidigkeit des Argumentes schafft, da der globale Blick immer mehr Verunsicherung erzeugt. Einfach wegen der politischen Entwicklungen weltweit wird es immer unwahrscheinlicher, dass dort Lösungen für lokale Probleme zu finden sind. Wenn die Regionalität mehr im Vordergrund steht, verlieren Problemlösungsvorschläge die aufs Globale zielen an Bedeutung. Am Ende steht dann die Lächerlichkeit des Klimaschutzes, weil er eben, regional betrachtet, von untergeordneter Wichtigkeit ist.

Ja, der Hype um den Klimaschutz hat seinen Zenit überschritten. Selbstverständlich hatte man aufseiten der Klimaschützer vorgesorgt, zu einer Zeit als sie noch viel Zulauf hatten. Es wurden Institutionen geschaffen, es wurden Institutionen infiltriert, um Regeln zu etablieren, eine eigene Moral und eigene Werte, solche, welche die Bewegung stabilisieren. Diese Institutionen wirken nun weiter und sind noch mächtig, obwohl mit dem Thema Klimaschutz kaum noch jemand mobilisiert werden kann.

Nun sind die Klimaschützer auf das eher impressionistische Bild von der Nachhaltigkeit angewiesen, um gehört zu werden. Aber in diesem Bild ist Regionalität Hauptmotiv, also auch so was wie Identität und Heimat, vielleicht sogar Nationalität oder Rasse oder Religion. Im Rückzugsraum Nachhaltigkeit streiten sich die verschiedene Motive um die Aufmerksamkeit.

Noch fühlen sich die Klimaschützer und all die Trittbrettfahrer, die auf diesen Zug aufgesprungen sind, mächtig, sie glauben alles unter Kontrolle zu haben. Nicht weil sie von ihren besseren Argumenten überzeugt wären, das sind sie auch, aber von daher kommt keine Macht, sondern weil sie die Institutionen in ihrer Hand sehen. Mit Geduld und Ausdauer sind diese von ihnen gekapert worden, in genauer Kenntnis der Tatsache, dass Begeisterung und Erweckung der Massen nur eine sehr begrenzte Zeit möglich ist, dann wenn sich etwas Bahn gebrochen hat. Die kühleren Köpfe versuchen sofort das errungene Terrain abzusichern. Alte linke Schule, wohlbekannt.

Genauso macht es nun Donald Trump, indem er den Institutionen den Kampf ansagt, seine Personalentscheidungen sprechen für sich.[1]

Die Massen überzeugen von seiner Idee ist die eine Sache, den Erfolg dauerhaft zu machen ist eine andere. Dazu muss er die Macht der derzeitig unterwanderten Institutionen brechen, mit eigenen Leuten besetzen, überall dort wo es möglich ist. Macht- und Erfolgsmenschen kennen diese Mechanismen, sie haben sie gewissermaßen in den Genen und handeln danach, auch ohne große Theorie.

Die Klimaschützer und die Nachhaltigen haben sich in ihren Rückzugräumen, den Institutionen, eingerichtet, aus denen sie heraus Steuerungen in ihrem Sinne vornehmen zu können. Norbert Bolz[2] meinte kürzlich per Twitter:

„Politik besteht heute in der Dissimulation der Tatsache, dass sie von der Verwaltung gemacht wird.“

Wie gesagt, einer wie Trump weiß so was, zumindest intuitiv.

Die Rückzugräume sind aber auch Orte an denen Strategien entwickelt werden, von wo aus beobachtet werden kann, wo und zu welcher Zeit sich ein Vorstoß lohnt. Sich rechtzeitig solche Orte und Institutionen zu schaffen ist überlebensnotwendig für jede Bewegung. Dies trifft natürlich auch auf die Auseinandersetzung um die Theorien zu. Erweist sich eine als nicht mehr besonders attraktiv für die Mitläufer, verkommt zur Hintergrundmusik, wie die Rede von den Klimakatastrophen, braucht es Ausweichplätze. Der Begriff Nachhaltigkeit ist ein solcher.

Wir haben es also mit zweierlei Rückzuggebieten oder Ausweichplätzen zu tun. Einmal für die Theorie, den Überbau, den Glauben - oder wie auch immer wir das nennen wollen: Das ist der Begriff Nachhaltigkeit, hier kann alles geparkt werden, was in der Auseinandersetzung mit dem Gegner irgendwann einmal von Nutzen sein könnte. Gleichzeitig ist es ein sicherer Raum für diejenigen, die sich von wenig erfolgversprechenden Positionen zurückziehen mussten. Mit dem Begriff Nachhaltigkeit können sie nun operieren, solange bis sich Gelegenheit für etwas Schlagkräftigeres anbietet. Die anderen Rückzugräume finden sich im eroberten Terrain, den Institutionen, hier kann in aller Stille das Aufmerksamkeitsdefizit ausgesessen und gleichzeitig neue Angriffsziele erkundet werden. Die Infiltrierung und Inbesitznahme von Institutionen ist also reine Machtpolitik, sie hat mit intellektueller oder wissenschaftlicher Auseinandersetzung überhaupt nichts zu tun, holt sich von dort bestenfalls nur die Argumente. Solche die gerade eben am wirksamsten erscheinen.

Ein Krieg wird eben nicht nur an der Front entschieden, sondern auch und vor allem in der Etappe. Hier wird organisiert und analysiert und Ressourcen mobilisiert. Die beiden Räume dafür heißen Nachhaltigkeit und Institutionen. Der eine Raum ist wegen seiner schwammigen Begrifflichkeit ein intellektueller Ruheraum, der andere ist die Basis für die Machtpolitik.

Ob sich die Nachhaltigen, die Klimaschützer oder die sonstigen Ökos, in ihren Rückzugräumen noch lange gemütlich machen können, intellektuell wie machtpolitisch, ist nicht sicher. Donald Trump geht an die Institutionen ran, falls er nicht scheitert, wird das Schule machen. Und der Nachhaltigkeitsbegriff wird zunehmend von den Konservativen gekapert, bei denen aber nicht irgendwelche Stoffkreisläufe im Vordergrund stehen, sondern mehr Dinge wie Heimat oder Identität.

Nun ist hier ein Punkt erreicht, bei der die Auseinandersetzungen automatisch böse werden. Denn es geht um die Macht und jene die sie haben, werden sie mit allen Mitteln zu halten versuchen. Werden den Nachhaltigen, den Ökos und den Klimaschützern ihre Rückzugräume genommen, die sie auch zur Machtausübung brauchen, dann steht deren ganze Sache selbst auf dem Spiel. Politik wird in den Verwaltungen gemacht, mithilfe von Institutionen, mit entsprechenden Seilschaften und Abhängigkeiten. Fällt diese Basis weg, dann bleibt bloß noch die Kraft des Arguments, aber darauf vertrauen all die Nachhaltigen, die Ökos und Klimaschützer schon lange nicht mehr. Das haben sie noch nie. In einem WBGU-Gutachten ist beispielsweise davon die Rede, dass formale Beteiligungschancen nicht zu weniger Nachhaltigkeit führen darf.[3]

Welche Ideologie Donald Trump der gegenwärtigen Nachhaltigkeitsbildern entgegensetzt, ist noch nicht erkennbar, vielleicht hat er gar keine Ideologie und will tatsächlich nur Amerika stark machen und Jobs schaffen. Dass ihm die Institutionen in ihrem gegenwärtigen Zustand dabei im Wege sind, ist ihm aber völlig klar. Um die Ideologie, mit der sie infiltriert sind, kümmert er sich nicht weiter, als Pragmatiker geht er daran wo er Probleme bei der Umsetzung seiner Vorstellungen vermutet. Würden Macht- und Erfolgsmenschen nicht diesen Blick für Hindernisse haben, wären sie keine Erfolgsmenschen mehr, sie würden scheitern im Disput mit den Ideologen.

Außerdem ist der Begriff Nachhaltigkeit so schwammig, dass er kaum Angriffspunkte bietet, sein impressionistisches Bild lässt kaum konkrete Aussagen erkennen, weckt lediglich Empfindungen unterschiedlichster Art. Mit dem Klimawandel sieht das anders aus, hier sind jede Menge Gesetze erlassen worden, um diesen zu bekämpfen. Jede Menge Geld ist geflossen, Posten wurden vergeben, Industrien gefördert oder behindert, je nachdem. Hier muss Trump sich nicht um Theorien und Ideologien kümmern, er kann mit den Ergebnissen der Klimaschutzpolitik arbeiten. Das ist was Konkretes, da es Jobs gefährdet.

Für all die Ökos, Nachhaltigen und Klimaschützer ist dies ein Desaster, ihre verschwurbelten Erklärungen verfangen nicht bei Leuten wie Trump und seinen Anhängern. Was da irgendwelche Comutermodelle ausspucken auch nicht. Was zählt, ist das, was klar ist. Anzahl der Jobs, Umsätze, Gewinne. Auf diese Herausforderung haben sie noch keine Antwort gefunden, entsprechend hysterisch ist ihre Reaktion. Nun wird diffamiert und unterstellt, das übliche politische Spiel könnte man meinen, doch es ist mehr, es ist ein Kampf um die Rückzugräume entbrannt, also um die Macht, die man durch die Institutionen in der Hand zu halten glaubte. So meinte hier denn auch der Ethnologe und mutmaßliche Klimaschützer Werner Krauss:

„Trump ist vielleicht nicht nur ein kurzes Gewitter, das vorübergeht, und die Klimapolitik hat vielleicht nicht 30 jährige

*Rhythmen wie sein Gegenstand, sondern
ist schneller rückgängig gemacht, als uns
lieb sein kann."*

Ja, es geht ums Ganze jetzt, weil Trump in der Administration aufräumen will. Seine Personalentscheidungen lassen keinen Zweifel daran. Ich drücke ihm die Daumen und hoffe, dass er dabei erfolgreich ist. Würde er in Deutschland zur Wahl stehen, meine Stimme hätte er. Nicht allerdings wegen seiner Positionen zum Klimaschutz, das natürlich auch, aber hauptsächlich, weil ich mir endlich eine Diskussion um die weit verbreitete Annahme von der Endlichkeit und der Begrenztheit aller Dinge wünsche. Dahin also wohin sich die Nachhaltigkeitsideologen zurückziehen, weil es da so schön impressionistisch und gefühlig ist. Diesen intellektuellen Rückzugraum werden Leute wie Trump nicht aufräumen, aber das sollte ebenfalls geschehen. Zumindest sollten Alternativen diskutiert werden, die gibt es nämlich. Es sei hier nur an Technosphäre und Noosphäre oder ans Technium erinnert.[4]

- - - - -

1   „Einfach abschaffen, wie im Wahlkampf ver-
     sprochen, kann Trump die US-Umweltbehör-
     de nicht. Also schwächt er sie bestmöglich:
     mit einem Klimawandel-skeptiker als neuen
     Chef."
     [zeit.de: Donald Trumps idealer Kandidat]
     <http://www.zeit.de/wirtschaft/2016-12/scott-
     pruitt-usa-donald-trump-umweltpolitik-klima-
     wandel>

2   Norbert W. Bolz (* 17. April 1953 in Ludwigs-
     hafen am Rhein) ist ein deutscher Medien-
     und Kommunikationstheoretiker sowie Desi-
     gnwissenschaftler. Er lehrt als Professor für
     Medienwissenschaften an der TU Berlin.
     [Wikipedia: Norbert Bolz]
     <https://de.wikipedia.org/wiki/Norbert_Bolz>

3   Die kolossale Herausforderung für die Moder-
     nisierung repräsentativer Demokratien be-
     steht nun darin, zur Gewinnung von zusätzli-
     cher Legitimation mehr formale Beteiligungs-
     chancen zu institutionalisieren, diese zugleich
     aber an einen inhaltlichen Wertekonsens
     nachhaltiger Politik zu binden, damit „mehr
     Partizipation" im Ergebnis nicht zu „weniger
     Nachhaltigkeit" führt. [WBGU-Gutachten
     2011, S.218]
     <http://www.wbgu.de/hg2011/>

4   „Wir wissen noch nicht, welche Entwicklun-

gen möglich werden, wenn Geosphäre und
Biosphäre durch eine intelligente Technosphäre und Noosphäre weiterentwickelt werden. Es ist nicht a priori ausgeschlossen, daß
hierdurch Effekte auftreten, die einer Multi-
plikation der Erde gleichkommen."
[Peter Sloterdijk, Was geschah im 20. Jahrhundert? Surkamp Berlin 2016, S.38]

Kulturelles Exerzieren

Meine einzige persönliche Erfahrung mit dem Militär, war in der Schule und in der Lehre in der DDR. Vormilitärische Ausbildung nannte es sich, eine sogenannte Gesellschaft für Sport und Technik (GST) stand federführend dahinter.[1] Gerade eben las ich in Wikipedia, dass dieser Wehrunterricht erst 1978/79 als Pflichtfach eingeführt wurde, nur gab es ihn schon früher und für uns als Jugendliche war er selbstverständlich Pflicht. Nun gut, was Gesetz war und was nicht, das wusste in DDR sowie keiner so ganz genau. Eigentlich, meine Lehre beendete ich 78, hätte ich, wenn es stimmen würde was in Wikipedia steht, somit gar nicht vom vormilitärischen Dienst betroffen sein können. Das war ich aber.

Wir wurden in Uniformen der GST gesteckt, und in eine Art Kaserne umfunktionierte Jugendherberge quasi eingelocht. Klar, ich empfand es als Gefängnis, für andere war es wohl mehr Abenteuer. Damals glaubte ich ein Pazifist zu sein, aus religiösen Überzeugungen, also verweigerte ich bereits im Alter von

16 oder 17 Jahren, bei der Musterung zur NVA, den ›Wehrdienst mit der Waffe‹, wurde also Bausoldat. Nur, gedient habe ich nie, nicht mal als Bausoldat, bevor die mich hätten einberufen können, war ich schon weg, per Ausreiseantrag im Westen.[2]

Erstaunlich im Rückblick, und während ich diese Zeilen schreibe, ist, dass ich zum Zeitpunkt der Ausreise allerdings schon kein Pazifist mehr war, und auch nicht mehr religiös. Jedenfalls nicht in dem Sinne wie vorher. Wie schnell doch in so jungen Jahren Verwandlungen geschehen können. An einen Tagebucheintrag aus dieser Zeit erinnere ich mich noch, es war nicht eine eventuelle Falschheit im Glauben, was mich zur Abkehr von der Religion bewegte, sondern eine Art Selbstzensur im Denken, die ich mir auferlegt hatte.

„DAS darfst du nicht denken“,

so schien immer öfter eine Stimme aus dem Gewissen zu mir zu sprechen und ich vermutete den Ursprung dieses Befehls in meinem Glauben. Also ging ich dagegen an, zerstörte ihn, und trat später, mit knapp dreißig, aus der Kirche aus. Heute spiele ich manchmal mit dem Gedanken diesen Schritt rückgängig zu machen, aber bestimmt nicht mehr bei den Protestanten. Das bigotte katholische gefällt mir heute eher. Das liegt an den Befehlen. Die gibt es bei den Katholiken sicher noch vielfältiger als bei den Protestanten, doch sie werden nicht so ernst und absolut genommen, immer gibt es irgendwelche Hintertürchen, die man nehmen kann, um Befehle zu umgehen.

Irgendwie läuft gerade ein Erinnerungsfilm in mir ab, mit Einblendungen in die Gegenwart. Was bedeutet dieses kulturelle Spannungsfeld zwischen Katholiken und Protestanten in Hinblick auf die Debatte um die Leitkultur? Schwäbische Pietisten auf der einen Seite, katholische Rheinländer auf der anderen. Preußische Disziplin und bayerische Obrigkeitsskepsis. Es ist ein riesiges Spannungsfeld diese deutsche Kultur und um das verstehen, ein Gefühl dafür zu bekommen, müsste man jeden Zugewanderten nicht das Grundgesetz in die Hand drücken, sondern den Simplizissimus. Immer mehr glaube ich, dass die Zeit, die nach dem dreißigjährigen Krieg folgte, mit der Zersplitterung des deutschen Reiches, eine segensreiche für die deutsche Geistesentwicklung war, und kulturprägend. Leitkultur! So langsam bekomme ich einen dicken

Hals, wenn ich das Wort nur höre. Aber möglicherweise bin ich auch nur ein verkappter Anarchist, der niemanden das Recht einräumt, Befehle zu geben. Zumindest mir nicht. Denn erst als mir klar wurde, wie Befehle auf mich wirken, erkannte ich, dass ich nicht ein Liberaler oder ein Libertärer bin – so hätte ich mich gerne gesehen – sondern eher ein Anarchist, einer der die Gewalt des einen über den anderen ablehnt. Um ehrlich zu sein, ein bisschen ängstigt mich dieser Gedanke, doch die Evidenz ist einfach da, sie verleugnen will und kann ich nicht.

Bei Befehlen denken wir natürlich sofort ans Militär, dort ist der Befehl klar als solcher erkennbar. Der Drill, das Exerzieren, lehrt uns den Befehlen zu folgen, ohne über deren Sinnhaftigkeit nachzudenken. „Stellung!", schrie der Ausbilder und erwartete, dass wir uns in die matschige Wiese schmeißen. Genau dort wo wir uns befanden. Anderen hat dies Spaß gemacht, es schien ihnen ein Spiel, ich fand es weniger lustig.

Doch machen wir uns nichts vor, das ganze Leben ist durchsetzt von Befehlen, denen wir folgen, ohne über deren Sinn nachzudenken. Der Drill, damit wir das auch tun, ohne aufzubegehren, heißt nur anders als beim Militär.

Dort ist es das Exerzieren, hier nennt es sich Erziehung. Diese ist kultureller Drill, damit wir in unserer Umgebung funktionieren, ein Rädchen im Getriebe namens Gesellschaft sind. Das soll nicht abwertend gemeint sein, der kulturelle Drill ist auch sowas wie die Vermittlung von Verhaltensweisen die uns davor schützen, dass wir uns ständig den Kopf einrennen.

Der kulturelle wie der militärische Drill wirkt aber nur, wenn die Übungen ständig wiederholt werden. Damit wird auch sichergestellt, dass niemand vergisst, wer er ist, welche Aufgabe er hat und wo er sich befindet.

Dennoch gibt es einen wesentlichen Unterschied zwischen dem militärischen Befehl und den kulturellen. Beim Militär bedeutet ein Befehl, dass das auszuführen ist was befohlen ist. Nur dieses, alles was über den Befehl hinaus geht, ist verboten. Der kulturelle Befehl funktioniert meist genau anders herum, es wird ein Verbot befohlen. Wir nennen es kulturelle Tabus. Sie werden genauso befolgt wie militärische Befehle und es wird genauso wenig über deren Sinnhaftigkeit nachgedacht.

Die ältesten kulturellen Tabus betreffen die Ernährung und die Sexualität. Falls sie einstmals praktische Gründe hatten, so sind diese in Vergessenheit geraten, sie sind nun hauptsächlich eine ständige Erinnerung daran, welcher Kulturkreis der zugehörige ist. Wir definieren uns über das Essen, könnte man überspitzt sagen. Vorgaben regeln was als rein oder unrein gilt, zu welchen Tagen Fleisch gegessen wird, und zu welchen nicht. Dies ist kultureller Drill und ständige Ermahnung zur Achtung der eigenen Kultur und geht weit über die praktischen Aspekte der Ernährung hinaus. Speisevorschriften und Speisetabus bekommen somit identitäre Bedeutung, die ständige Wiederholung in diesem Bereich, schließlich müssen wir alle essen, machen es besonders geeignet eigene Zuordnung oder Abgrenzung zu üben, zu exerzieren.

Ich sprach die Leitkultur an, nun Tabus in der Ernährung, doch es geht hier nicht um den Islam oder die Zuwanderung. Selbstverständlich tangiert es das trotzdem, wer möchte, kann es sich dahin übertragen. Das Thema hier ist der kulturelle Drill und die Frage, über welche Themen lässt sich am besten drillen?

Kommen wir noch mal zu den Tabus diesbezüglich. Fastenzeit, die fleischlosen Freitage, um nur in meinem Kulturkreis zu bleiben, waren Ermahnungen oder Übungen der Religion.

Tischgebet nicht zu vergessen, auch wenn es wohl heute kaum noch Bedeutung hat. Auch die anderen Tabus, die Ernährung betreffend, spielen keine große Rolle mehr, was aber nicht heißt, dass, ließen sich neue Regeln oder Tabus etablieren, dies Ausdruck eines Kulturwandels wäre.

Man könnte geradezu sagen, dass heute das Fehlen oder zumindest das Verschwinden von Tabus ein wesentliches Kennzeichen unserer Kultur ist. Besser gesagt: Ein Kennzeichen war.

Neue kulturelle Befehle, einem Drill gleich, machen sich breit: Stichwort ›Öko‹ oder ›Bio‹. Ernährungsgebote, -verbote, -tabus sind auf dem Vormarsch und werden befolgt. Diese Übungen mögen bei genauerer Betrachtung fragwürdig erscheinen, auch erschließt sich deren Sinnhaftigkeit nicht durch die Argumente, mit denen sie mitunter daher kommen, denn ob Gentechnik oder Bio, ein Austausch von Argumenten des Für und des Wider findet ja kaum statt. Doch gleichsam bricht sich diese neue Kultur der Nachhaltigkeit und der Begrenztheit ihre Bahn in den Alltag, und zwar mittels Drill, also kulturellen Befehlen die immer und immer wieder geübt werden. Eine neue Identität entsteht, erzogen durch kulturelles Exerzieren von Tabus.

Freilich könnten wir nun hier Gramsci und seine Anleitungen zur ›kulturellen Hegemonie‹ heranziehen, um die Veränderungen die in Gesellschaft und Kultur geschehen sind, zu erklären. So wie das der Historiker Baberowski kürzlich in der NZZ klug dargestellt hat.[3] Dennoch bleibt das Bild unvollständig, ja ist geradezu verzerrend, werden die Mechanismen der Macht nicht ins Blickfeld genommen. Dabei darf der kulturelle Befehl nicht außer Acht gelassen werden, durch ihn erkennen wir, wie die Machtverhältnisse in einer Gesellschaft sind. Der Hegemon verrät sich durch den Charakter seiner Befehle und die Gesellschaft verrät sich dadurch, wie sie diese Befehle annimmt. Beim Militär ist dies klar und geregelt, im zivilen Leben muss man etwas genauer hinschauen, am besten auf die Tabus, verändern sich diese, haben sich die Machtverhältnisse verändert.

Um diese Machtverhältnisse abzusichern, gilt es sie im täglichen Leben zu verankern. Ich nenne es eben kulturellen Drill. Dazu ist Ernährung und Sexualität schon immer geeignet gewesen. Über letzteres habe ich noch nicht gesprochen, doch soll ich hier nun auch noch das Fass ›gendergerechte Sprache‹ aufmachen, das über Ehe und politisch korrekte Sprache im Allgemeinen? Auch überall da schleichen sich neue Tabus ein, diese Befehle des kulturellen Drills.

In einer wirklich pluralistischen Gesellschaft könnte ich mich diesen Befehlen entziehen, doch wenn totalitäre Ideologien, eine solche ist beispielsweise der Ökologismus, ihre gewonnene Macht mittels kulturelles Exerzieren ausüben, Tabus etablieren, dann bleibt eben nur der Rückzug in die Nischen.

Wenn ich dabei (scheinbar) zum Anarchisten geworden bin, dann ist es eben so. Ich reagiere nun eben mal ganz allergisch auf Befehle. Schon immer, ich habe mich nicht in den Dreck geworfen als der Ausbilder „Stellung!" rief, und werde es heute erst recht nicht tun.

Diese Freiheit nehme ich mir einfach, das kann nicht jeder. Derjenige der Karriere machen möchte, wird sich anpassen müssen. Ein Soldat der Befehle verweigert wird auch nicht befördert. Die Konsequenzen betrachtend, die sich aus einer Befehlsverweigerung ergeben, sind beim militärischen und beim kulturellen Befehl nicht sehr verschieden. Mindestens die Karriere ist futsch.

- - - - -

1   Die Gesellschaft für Sport und Technik (GST)
        war eine vormilitärische Massenorganisation
        der DDR.
        <https://de.wikipedia.org/wiki/Gesellschaft_f
        %C3%BCr_Sport_und_Technik>
2   Mein Ausreiseantrag, Erinnerungen von
        Quentin Quencher, BoD 2018
3   Interview mit Jörg Baberowski in der NZZ
        vom 20.05.2017
        <https://www.nzz.ch/feuilleton/meinungsfrei-
        heit-die-linke-macht-den-menschen-wieder-
        zum-gefangenen-seines-stands-ld.1295031>

Personenregister

Konrad Adenauer – 47, 55
Peter Altmaier – 56, 101 ff., 239
Jörg   Asmussen – 55
Franz von Assisi – 228
Jan Assmann – 124
Jörg Baberowski – 270
Francis Bacon – 65 f.
Robert J. Baker – 71 f.
Erhard Bartsch – 41
Norbert Bolz – 211, 254
Elias Canetti – 15 f., 171, 224, 249
Cornelius Castoriadis – 188
Hernán Cortés – 16
Paul Crutzen – 79
Marcel Duchamp – 192
Ludwig Erhard – 47
Klaus Ferentschik – 187 ff.
Peter Finke – 179 ff.
Papst Franziskus – 227 ff.
Michael Fuchs – 53 ff.
Ralf Fücks – 147 ff., 220
Arnold Gehlen – 86
Gabriele Goettle – 179
Antonio Gramsci – 239 ff., 243 f., 270
Herbert Gruhl – 33

Quentin Quencher

 Geboren 1960 in Glauchau (Sachsen), wuchs Quentin Quencher in der ehemaligen DDR auf, die er 1983 verließ. Seine Heimat war es nicht, die er verließ, er war nie heimisch dort. Auch der Westen oder das wiedervereinigte Deutschland, wurde ihm nie ein Zuhause. Immer ist sein Blick der eines Außenstehenden. Hier wir dort, heute wie damals. So ist er ein Vagabund zwischen den Welten, immer das infrage stellend, was als Selbstverständlichkeiten in Gesellschaften angenommen wird. Nach mehrjährigem Aufenthalten in Asien lebt er heute mit seiner Familie in Baden-Württemberg.

Texte von Quentin Quencher erscheinen regelmäßig in seinem Blog Glitzerwasser und auf der Achse des Guten.

Quentin Quencher

Mein Ausreiseantrag

Erinnerungen
Paperback, 120 Seiten
ISBN-13: 9783752812558
Verlag: BoD, 2018
€ 7,50

Diese Geschichte eines Ausreiseantrages aus der DDR ist auch eine Momentaufnahme einer Gesellschaft in einem totalitären System zu Beginn der achtziger Jahre. Die Menschen richteten sich in ihrer Welt ein, nur wenige halten das nicht aus, der Ruf der Freiheit ist stärker.

Quentin Quencher

Der Mitläufer

Imagenationen
Paperback, 104 Seiten
ISBN-13: 9783734727290
Verlag: BoD, 2018
€ 7,50

Der Mitläufer und vierundzwanzig weitere, oft politische, Imagenationen, spielen mit der Realität. Ist diese Wirklichkeit, oder doch nicht eher die Imagenation von den Phänomenen, den Dingen, ja gar den Ideologien. In der Imagenation wird die Wirklichkeit sichtbar, davon ist Quentin überzeugt.

Quentin Quencher

Chlorhähnchen esse ich jederzeit

Aufzeichnungen
Paperback, 148 Seiten
ISBN-13: 9783744895590
Verlag: BoD, 2017
€ 8,50

Gedanken, schnell aufgezeichnet und manchmal bei Twitter und Co. verbreitet, wollen doch nicht so einfach im Netz verschwinden oder im virtuellen Papierkorb landen. So haben sie sich hier in diesem Buch versammelt, sind eigentlich per Zufall zusammengekommen, wie Reisende die auf einen Zug warten.